CONVERSANDO COM
DEUS

DR. JOSEPH MURPHY

CONVERSANDO COM DEUS

Tradução
A. B. Pinheiro de Lemos

31ª edição

Rio de Janeiro | 2024

TÍTULO ORIGINAL
Quiet Moments with God, How to Pray with a Deck of Cards, Special Meditations for Health, Love and Expression, Why Did This Happen to Me?, Mental Poisons and Their Antidotes

TRADUÇÃO
A. B. Pinheiro de Lemos

DESIGN DE CAPA
Filipa Damião Pinto (@filipa_) | Foresti Design

CIP-BRASIL. CATALOGAÇÃO NA PUBLICAÇÃO
SINDICATO NACIONAL DOS EDITORES DE LIVROS, RJ

M96c
31. ed.

Murphy, Joseph, 1898-1981
  Conversando com Deus / Joseph Murphy ; tradução A. B. Pinheiro de Lemos. - 31. ed. - Rio de Janeiro : BestSeller, 2024.

  Tradução de: Quiet moments with God
  ISBN 978-65-5712-293-8

  1. Controle da mente. 2. Paz de espírito. 3. Espiritualidade. 4. Pensamento Novo. I. Lemos, A. B. Pinheiro de. II. Título.

23-86190

CDD: 289.98
CDU: 279.22

Meri Gleice Rodrigues de Souza - Bibliotecária - CRB-7/6439

Texto revisado segundo o novo Acordo Ortográfico da Língua Portuguesa.

Copyright © 1952, 1958, 1962 by Joseph Murphy.
Copyright da tradução © 2024 by Editora BestSeller Ltda.

Todos os direitos reservados. Proibida a reprodução, no todo ou em parte, sem autorização prévia por escrito da editora, sejam quais forem os meios empregados.

Direitos exclusivos de publicação em língua portuguesa para o Brasil adquiridos pela
EDITORA BESTSELLER LTDA.
Rua Argentina, 171, parte, São Cristóvão
Rio de Janeiro, RJ — 20921-380
que se reserva a propriedade literária desta tradução.

Impresso no Brasil

ISBN 978-65-5712-293-8

Seja um leitor preferencial Record.
Cadastre-se no site www.record.com.br e receba informações sobre nossos lançamentos e nossas promoções.

Atendimento e venda direta ao leitor:
sac@record.com.br

Interpretação condensada do Salmo 23

O Senhor é o meu pastor. Entoo o canto da alma exultante por ter escolhido Deus como meu pastor. A inteligência divina me orienta por todos os caminhos. Não me faltarão paz, harmonia ou orientação, porque a sabedoria de Deus me guia. Deito sempre em verdes pastagens, pois Deus está me fazendo prosperar além dos meus sonhos mais otimistas. Encontro-me junto de águas serenas ao proclamar que a paz infinita de Deus flui por minha mente e coração. Minhas emoções (águas) são serenas e calmas. Minha mente está agora tranquila e reflete a luz e as verdades celestiais de Deus (minha alma está revigorada). Caminho pela trilha certa, através da devoção e atenção às verdades eternas de Deus. Sei que a morte não existe e não temo o mal. Sei que "Deus não nos concedeu o espírito do medo, mas sim do amor e da força, assim como uma mente firme". O bastão (amor) e o cajado (verdade) de Deus me confortam, sustentam e alimentam. A mesa do banquete de Deus está sempre posta para mim; é o lugar secreto do Altíssimo, onde em pensamento passeio e falo com Deus. Alimento-me com as verdades de Deus sempre que o medo e a preocupação (meus inimigos) me perturbam. O pão que eu como é a ideia de paz, amor e fé de Deus, em todas as coisas boas. A carne que como é a onipotência de Deus; o vinho que bebo é a essência da alegria. A sabedoria de Deus unge a minha inteligência; é um lampião sobre os meus, uma luz em meu caminho. Minha taça (coração) é a câmara da presença sagrada de Deus; transborda de amor e alegria. Habito mentalmente na bondade, verdade e beleza; esta é a minha casa de Deus.

Interpretação condensada do Salmo 91

Habito no lugar secreto ao contemplar Deus e Sua glória dentro de mim. Estou sempre à sombra, porque sei que o amor de Deus me cerca e envolve, tornando reto, aprazível e alegre o meu caminho. O Senhor (o Poder Espiritual) é soberano e supremo, o único poder. Responde a meu pensamento; portanto, é meu refúgio e minha fortaleza. Esse Poder Espiritual inspira, cura, fortalece e restaura minha mente e corpo. É Deus. É um poder generoso e benéfico. Nele confio absolutamente e ele me responde com misericórdia, amor, inspiração e beleza. Esse poder divino me cobre com suas penas de amor, luz e paz. É maravilhoso!

Rejeito totalmente os pensamentos negativos do mundo (a flecha durante o dia) e o amor de Deus dissolve os padrões de medo do subconsciente (terrores à noite). Sei que estou seguro nas mãos invisíveis de Deus. Sempre vibro com a mente de Deus e tudo está bem. Estou inteiramente livre do medo de acidentes ou atividades hostis (pestilências que espreitam nas trevas), porque sei que estou imunizado e inebriado por Deus. Recebi o anticorpo divino — a presença de Deus em meu coração. Os milhares de pensamentos e sugestões negativos do mundo são destruídos consciente e subconscientemente, pois Deus anda e fala em mim e vivo na alegre expectativa do melhor. (Nenhum mal se abaterá sobre você.) Deus e Seus anjos sagrados (ideias, impulsos, intuição e orientação de Deus) me tomaram em seus cuidados e estou a salvo em todos os meus caminhos — na saúde, atividade correta, autoexpressão e companhia divina. Contemplando a presença de Deus, enfrento o leão e a serpente (obstáculos e dificuldades de todos os tipos). Minha salvação (solução) é revelada quando penso em Deus e no Paraíso; e todas as forças divinas se apressam em atender, para minha alegria eterna.

Versão do marujo do Salmo 23

"O Senhor é meu piloto; não ficarei à deriva. Ele me ilumina pelas águas escuras, me guia pelos canais profundos, mantém o diário de bordo. Orienta-me pela estrela sagrada. Embora eu navegue pelas trovoadas e tempestades da vida, não temerei o perigo, pois o Senhor está comigo. Seu amor e Seus cuidados me resguardam. Reservou-me um porto seguro na terra da eternidade. Unge com óleo as ondas para que meu navio singre em paz. A luz do sol e a luz das estrelas me acolhem na viagem que empreendo e descansarei para sempre no porto de meu Deus."*

---

* Por J. Rogers, comandante da marinha mercante, escrita durante a Segunda Guerra Mundial. Publicada pelo Boletim dos Capelães da Marinha, em Washington, D.C.

A estrada do Rei

"Seguiremos pela estrada do rei, não viraremos à direita nem à esquerda."

Meu caminho é o caminho de Deus, todos os seus caminhos são aprazíveis, todas as suas trilhas são de paz. Viajo sob a orientação de Deus, levado pelo Espírito Santo. Meu caminho é a estrada real dos antigos, a trilha intermediária de Buda, o portão estreito de Jesus. Meu caminho é a estrada do Rei, pois sou um rei sobre todos os meus pensamentos, sentimentos e emoções.

Envio à frente os meus mensageiros: amor, paz, luz e beleza de Deus, a fim de tornarem o caminho reto, belo, alegre e feliz. Sempre viajo pela estrada do Rei, encontrando por toda parte os mensageiros de paz e alegria de Deus. Sigo pela estrada para o topo da montanha sabendo que não encontrarei o mal pelo caminho, pois meus olhos estão fixados em Deus.

Guiando um carro, viajando de trem, ônibus, avião ou a pé, o encantamento de Deus sempre me envolve. É a couraça invisível de Deus, e sigo de um ponto a outro livremente, na alegria e no amor. O espírito do Senhor meu Deus me acompanha, fazendo com que todas as estradas sejam um caminho para Deus. É maravilhoso!

Guie em paz

Este é o carro de Deus. É uma ideia de Deus e se desloca de um ponto para outro livremente, com alegria e amor. A sabedoria de Deus guia este carro por todos os caminhos. A ordem, a simetria e a beleza de Deus governam este carro a todo momento. A sagrada presença de Deus abençoa este carro e todos os seus ocupantes. O motorista deste carro é um embaixador de Deus; está repleto de amor e boa vontade para todos. A paz, a verdade e a compreensão de Deus sempre guiam o motorista. Deus orienta todas as decisões, tornando o caminho reto, aprazível e perfeito. O espírito de Deus envolve o motorista, fazendo com que todas as estradas sejam um caminho para Ele.

Oração para guiar e viajar

"E o Senhor é aquele que vai adiante de mim." Meu ânimo predominante de fé e confiança é de que a sabedoria e o poder de Deus sempre me guiam por todos os caminhos. É o sentimento de que o Senhor segue à minha frente. Minha convicção da presença de Deus é forte e poderosa, sei que o clima espiritual em que habito segue à minha frente, tornando o caminho reto, aprazível, alegre e feliz. Sei que em todas as viagens — de ônibus, trem, avião, automóvel ou qualquer outro meio de transporte — o amor e a inteligência de Deus me guiam. Todas as estradas do mundo são controladas por Deus, tornando o céu por cima e a terra por baixo um caminho para o meu Deus.

Fique quieto e saiba

Fique quieto e saiba que Eu sou Deus. Aquieto agora todas as engrenagens da mente ao pensar em Deus e no Seu amor. Minhas emoções estão perfeitamente controladas, estou absolutamente sereno. A mente está em paz e reflete a luz e as verdades celestiais de Deus. A sabedoria de Deus aflora à superfície da minha mente enquanto me mantenho sereno, revelando-me o plano perfeito, indicando o caminho que devo seguir.

Minha devoção e atenção se concentram nas verdades eternas de Deus durante o dia inteiro. Proclamo constantemente que a sabedoria, a verdade e a beleza de Deus me regem e orientam, em todas as fases da vida.

O bastão (o amor) e o cajado (a verdade) de Deus me sustentam, alimentam e fortalecem em todas as diligências. Sempre que o medo surge, viro-me imediatamente para Deus e Sua sagrada presença, regozijando-me com esta verdade: "Deus não me concedeu o espírito do medo, mas sim o do amor e do poder, uma mente firme." Como do pão do Paraíso, feito de paz, harmonia e fé em Deus. Minha oração é: "Senhor, dê-nos sempre este pão."

A sagrada presença

Eu sou Deus e não há outro Deus além de mim. Não sou limitado pelo tempo nem pelo espaço. Não estou restrito por nome ou forma. Estou presente em toda parte. Sou seu Deus e o Senhor de hostes incontáveis. Sou o Santo dos Santos, no coração do verdadeiro templo, na Montanha Sagrada.

Comungo com Deus agora. Seu amor e luz fluem por mim, sou inundado pela radiância da luz ilimitada. Sou elevado e inspirado; estou me expandindo para o seio divino do Pai. Sinto a doce fragrância de Deus. Esse perfume interior aciona as cordas de meu coração, que tocam a melodia de Deus. Deposito minha fé na presença divina e perfeição d'Aquele que É. Meu eu superior é Deus. Ele se comunica comigo; ouço a Voz Interior. Ilumina, inspira e eleva; periodicamente, me descubro em êxtase, imerso em Sua onipresença sagrada. Sei agora que sou um filho do Deus Vivo. Sou o espírito divino — um filho de Deus; n'Ele habito, existo e tenho meu ser. Sei que Ele está meditando e sou a Sua meditação.

O poder de Deus

Deus é a única Presença e o único poder. E eu sou aquele que o tem. A força de Deus é a minha força; Sua inteligência inunda minha mente. Essa nova consciência me proporciona um domínio completo sobre todos os aspectos da minha vida. Estou agora integrado na mente universal. Sua sabedoria, poder e glória fluem por mim. Sei que a energia e o poder de Deus impregnam cada átomo, tecido, músculo e osso de meu ser, tornando-me perfeito. Deus é vida e essa vida é a minha. Minha fé se renova, a vitalidade se restaura. Ele é meu Deus; estou com Ele, unido. A verdade é meu escudo; regozijo-me que assim seja. Sob as asas Dele confiarei. Habito no lugar secreto do Altíssimo e estou sob a sombra do Todo-Poderoso.

A paz de Deus

"E, em qualquer casa em que entrar, diga primeiro: 'Que a paz esteja nesta casa.'" Minha mente transborda com a vida, o amor e a verdade de Deus. Sempre que a minha atenção se desvia de Deus, eu a levo de volta pela contemplação de Sua sagrada presença. Penetro na câmara secreta dentro de mim — minha própria consciência. Estou no Paraíso; sinto-me perfeitamente calmo, tranquilo e controlado. "Que a paz esteja dentro destas paredes e a prosperidade dentro de seus palácios. Pelo bem de meus irmãos e companheiros, eu direi: 'Que a paz esteja convosco.'" Habito na casa do Senhor meu Deus e procuro apenas o bem. Vivo em seu reino. Sinto o ambiente divino de paz, amor e alegria. Elevo a dádiva de Deus dentro de mim. Sei que eu e meu Pai somos um só, sinto essa realidade; a vida flui por mim. Sei que em seu Paraíso, onde eu habito e tenho o meu ser, todas as minhas orações são atendidas. Estou em paz. A pomba do amor sussurrou em meu ouvido: "Que a paz esteja com você!"

Paz interior

Minha mente está serena e em paz; sou um reflexo da sabedoria e beleza do Altíssimo. O espírito de Deus flui por mim neste momento, em pensamentos, palavras e ações. Estou em paz. Sou inundado pela paz que transcende a compreensão. Sinto a segurança e tranquilidade de minha mente, sintonizada com o infinito. Repouso nos braços eternos. Minha vida é a vida de Deus e é perfeita. Eu e meu Pai somos um, e meu Pai é Deus. Controle e equilíbrio são meus atributos agora. Minha mente é a mente de Deus e é perfeita. As ideias de Deus constantemente se desdobram dentro de mim, proporcionando harmonia, saúde e paz. Sei que o Espírito Santo está me conduzindo à verdade. Estou seguro no conhecimento de que Deus é tudo, e tudo o que existe é Deus. Irradio o sol do amor de Deus. Amor é a realização da lei, e a lei é que eu sou aquilo que penso.

Falando a verdade

Compreendo e sei que Deus se manifesta por meu intermédio quando falo. Deus fala através do homem. Minhas palavras são "maçãs de ouro em molduras de prata". "Minhas palavras são o espírito e são a vida. Minhas palavras são espírito e são verdade." Conheço a verdade e a verdade me liberta. Quando falo, proporciono alegria e felicidade a todos. Sou um mensageiro de Deus. Levo boas-novas a todos, falo em paz. As ideias de Deus constantemente se desdobram dentro de mim, trazem-me harmonia, alegria e paz. Eu me expresso com vigor e confiança. Sou a articulação perfeita e a expressão da verdade. Falo a verdade, amo a verdade e conheço a verdade. A Inteligência Infinita fala por meu intermédio agora. Proclamo uma coisa e a faço acontecer.

Obrigado, Pai.

A fé me tornou perfeito

Sou espiritual. Sou fiel a Deus ou ao bem. Amo apenas o bem. Sou a consciência de Deus e reflito a Sua plenitude e perfeição. Sou um reflexo da perfeição de Deus em cada átomo do meu ser. Meu coração está alegre e projeta um semblante jovial. Meu corpo é o corpo de Deus; é perfeito agora. Estou expressando harmonia, saúde e paz em todos os aspectos da minha vida. A luz de Deus brilha através de meus olhos; é perfeita agora. Flui através de mim com alegria, harmonia e paz. O amor de Deus aflora dentro de mim; expresso saúde perfeita. Estou repleto de alegria e felicidade; estou repleto de confiança e fé. Minha fé é um sentimento e a convicção interior de que sou perfeito. Deus é o eterno agora; meu bem é neste momento. Minha fé tornou-me perfeito.

Palavras de poder

Mantenho a mente em Deus e permaneço em perfeita paz. E nessa paz de Deus encontro ordem, harmonia e amor divino.

"Nenhuma palavra de Deus será desprovida de poder."

As palavras que falo estão cheias de espírito e vida. Reconheço Deus em todas as minhas ações e transações. Minha mente permanece em Deus. Sou abençoado e prosperei pela atividade da lei do bem em minha vida.

Todas as minhas declarações de verdade estão impregnadas de vida, amor e significado. As palavras que falo produzem grande impressão em minha mente profunda. Estou contente por saber que Deus habita em meu coração, pois Ele é a minha própria vida. Estas palavras se gravam em meu coração: "Eis que habito com você, homem de Deus, assim você também deve habitar Comigo."

Sei que estou vendo Deus sob forma humana ao olhar para meu semelhante. Abençoo e irradio pensamentos de amor para toda a humanidade. Pronuncio a palavra agora. Minhas palavras são criativas; a mente profunda em mim sempre responde. Ordeno agora perfeita saúde, harmonia e paz em minha casa, meu coração e todas as minhas atividades.

Sei e creio que Deus está me guiando agora por todos os caminhos, e que o espírito infinito governa todas as minhas ações. Assim determinei, assim haverá de acontecer. Encontrei a joia da eternidade em meu próprio coração.

Fé em Deus

Jesus disse: "Sua fé tornou-o perfeito." Minha fé é o sentimento e a convicção interior de que Deus é tudo, e tudo o que existe é Deus. Tenho uma expectativa alegre do melhor; sei que apenas o bem pode sair de mim. "A fé é a substância das coisas que se espera, a prova de coisas que não são vistas." Embora eu não veja o que quero, sei que todas as coisas derivam do Espírito que originou a si mesmo dentro de mim. Volto-me agora para Deus; penso em Suas qualidades, atributos e aspectos. Compreendo que todas as qualidades estão em mim. Contemplando a Sua presença, sei que a paz, a ordem, a alegria, o amor, a perfeição, a pureza e a santidade estão fluindo por minha mente e corpo. Regozijo-me por isso e dou graças que assim seja. Sinto a minha integração com Deus, a vida, o universo e todos os homens. Minha fé reside na lei do bem. O certo é poder. O uso correto da lei do bem ou Deus é o grande poder. Convoco agora as coisas que não são como se fossem, o invisível torna-se visível.

Orientação divina

Todas as coisas que existem são como uma ondulação na superfície da correnteza e todas são uma só substância. Todos partilhamos a qualidade da correnteza, que é o espelho do eu para o eu. "Há um rio que deságua alegremente na cidade de Deus." Eu sou o rio de Deus. De mim fluem a bondade, a verdade e a beleza. Habito em uma cidade de paz, e essa cidade se localiza em minha mente; todos os habitantes, que são os meus pensamentos, são filhos de Deus, porque são pensamentos de Deus e o poder de Deus se encontra em meu pensamento para o bem. A inteligência infinita está me guiando agora, em pensamentos, palavras e ações. Sou um canal perfeito do divino. Sinto, sei e creio que meu eu-Deus ilumina os meus caminhos. A sabedoria divina me inspira, guia, governa e orienta para toda a verdade. Estou integrado com Deus agora; tudo está bem. Amo a voz sagrada interior; é a voz de meu Pai e meu Pai é Deus.

O verdadeiro lugar

Meu trabalho é perfeito e estou sempre representando as ideias de Deus. Sou a consciência Dele; minha mente é a mente de Deus. Sou a atividade de Deus, e estou me expressando plenamente. Sei que há uma lei perfeita de oferta e demanda. Estou instantaneamente em contato com tudo o que preciso. Estou agora no meu verdadeiro lugar; estou distribuindo os meus talentos de maneira maravilhosa. Sou compensado divinamente. Meu Deus é o princípio de todo conhecimento; sei de tudo que preciso instantaneamente. Sou integrado em meu Pai, e meu Pai é Deus. Estou sempre refletindo a glória, o amor e a atividade de Deus. Estou fazendo a coisa que amo. Meu lugar é com Deus, em todos os momentos; estou integrado n'Ele agora; assim seja. Absorvo a alegria de tudo. Eu Lhe agradeço, Pai, por meu lugar perfeito. Tudo está bem.

Habitando com Deus

Vivo num estado de consciência. É a consciência de paz interior, alegria, harmonia e boa vontade para todos os homens. Sei que minha verdadeira terra não é uma locação geográfica. Um país é um local em que se mora. Eu habito no lugar secreto do Altíssimo; estou à sombra do Todo-Poderoso; ando e falo com Deus em todos os dias de minha vida. Sei que só existe uma família divina, que é a humanidade. *Deus se levanta e seus inimigos se dispersam.* (SALMO 68)

Sei que meus únicos inimigos são o medo, a ignorância, a superstição, a concessão e outros falsos deuses. Não permitirei que esses inimigos habitem em minha mente. Recuso-me a conceder um passaporte para minha mente a pensamentos negativos.

Entronizo Deus e Seu amor em minha mente. Penso, sinto e ajo do ponto de vista do amor divino. Entro mentalmente em contato com o poder divino agora, que se movimenta por mim; sinto-me invencível. A paz começa em mim. Sinto o rio de paz de Deus fluindo por mim agora.

Proclamo que o amor de Deus está nos corações de todos os homens. Deus e Sua sabedoria me guiam e governam, assim como a todos os homens, em toda parte. Deus inspira a mim, a nossos líderes e aos governos de todas as nações, a fim de que façam a Sua vontade e apenas a Sua vontade. A vontade de Deus é harmonia, paz, alegria, plenitude, beleza e perfeição. É maravilhoso!

Habite no silêncio

Jesus disse: "Deus é espírito e aquele que O ama deve fazê-lo em espírito e verdade."

Sei e compreendo que Deus está em ação dentro de mim. Sei que Deus é um sentimento ou convicção profunda de harmonia, saúde e paz; é o movimento de meu coração. O espírito ou sentimento de confiança e fé que agora me possui é o espírito de Deus e a ação de Deus sobre as águas da minha mente. Assim é Deus, o poder criativo interior.

Vivo e tenho o meu ser na fé e confiança de que a bondade, a verdade e a beleza acontecerão em todos os dias da minha vida; essa fé em Deus e em todas as coisas boas é onipotente; remove todas as barreiras.

Fecho agora a porta dos sentidos; retiro toda a atenção do mundo. Viro-me para dentro, para o único, o belo e o bom; aqui, habito com meu Pai, além do tempo e espaço; aqui, vivo à sombra do Todo-Poderoso. Estou livre de todo medo, do veredicto do mundo e da aparência das coisas. Sinto agora a Sua presença, que é o sentimento da prece atendida ou a presença do meu bem.

Torno-me o que penso. Sinto agora que sou o que quero ser; esse sentimento ou consciência é a ação de Deus em mim; é o poder criativo. Agradeço pela alegria da prece atendida e repouso no silêncio do que "Está feito."

O poder para realizar

"Nada será impossível para Deus." A onipotência está dentro de mim; tenho todo o poder que existe. Toda verdade é a palavra de Deus. Falo a verdade; regozijo-me com a verdade. Reconheço Deus; minha mente está fixada em Deus. Sinto o poder onipotente fluindo por mim agora, tornando-me pleno e perfeito. Estou refletindo a vida; tenho todo o poder e força. A alegria do Senhor é a minha força. Estou agora individualizando o poder infinito do Seu amor infinito. Expresso a energia inesgotável de Deus. Tudo é espírito e manifestação do espírito. É toda sua, ó Senhor, a grandeza, o poder, a glória, a vitória e a majestade. Sou forte no Senhor e na força de seu poder. A ação de Deus está ocorrendo em todas as minhas atividades; este é o princípio do bem. Sei e creio que o Deus eterno em mim é o criador dos fins da terra. Ele não desfalece nem cansa. Reconheço esse poder supremo e a ele me integro conscientemente. Regozijo-me porque virei perfeito.

Deixe que Deus faça

Foi-lhe concedido o livre-arbítrio. Você é o dono de seus pensamentos, emoções e reações à vida. Seu pensamento é criativo porque o subconsciente reage à natureza do pensamento. Quando você ora, deve se comportar como um executivo eficiente; aprenda a delegar seu trabalho, de maneira sensata e criteriosa. Deus em Sua sabedoria concedeu-lhe um subconsciente que é um servidor maravilhoso. Obedece às suas ordens. Você é o comandante e o subconsciente cumpre fielmente as suas ordens. Quando tem um problema, você formula o pedido de solução à mente profunda, que está em contato com a inteligência infinita e a sabedoria ilimitada. A mente profunda sabe como resolver seu problema e oferecer-lhe a resposta. Apresente o seu pedido agora, com fé e confiança, sabendo em seu coração que tudo depende da maneira como se sente por dentro. Quando confia no poder interior, está sereno e calmo. *Na tranquilidade e confiança está a sua força.* (ISAÍAS, 30:15)

Círculo do amor de Deus

As dádivas de Deus me pertencem agora. Vivo na presença de Deus, da qual fluem todas as bênçãos. Aproveito cada momento deste dia para glorificar a Deus. A harmonia, a paz e a abundância de Deus me pertencem agora. O amor divino flui de mim e abençoa todos aqueles que me cercam. O amor de Deus é sentido por todos os que estão presentes aqui e Seu amor os está curando agora.

Não temo o mal, pois Deus está comigo. Estou sempre cercado pelo círculo sagrado do amor e poder de Deus. Proclamo, sinto, sei e creio absolutamente que o encantamento do amor e a eterna vigilância de Deus me guiam, curam e velam por mim e por todas as pessoas de minha família.

Perdoo a todos e sinceramente irradio o amor, a paz e a boa vontade de Deus para todas as pessoas, em toda parte. No centro do meu ser existe paz; é a paz de Deus. Nessa tranquilidade, sinto a sua força e orientação, o amor de Sua sagrada presença. Sou divinamente orientado por todos os caminhos. Sou um canal aberto para o amor, a luz, a verdade e a beleza de Deus. Sinto o Seu rio de paz fluindo por mim agora. Sei que todos os meus problemas se dissolvem na mente de Deus. Os caminhos de Deus são os meus caminhos. As palavras que pronuncio se realizam. Regozijo-me e dou graças, compreendendo que minhas preces são atendidas. Assim seja.

Deus é o eterno agora (usando o subconsciente)

Sei que o meu bem é neste momento. Creio em meu coração que posso profetizar para mim harmonia, saúde, paz e alegria. Instalo o conceito de paz, sucesso e prosperidade em minha mente agora. Sei e creio que esses pensamentos (sementes) crescerão e se manifestarão em minha experiência.

Sou o jardineiro; como semeio, assim colherei. Semeio pensamentos divinos (sementes); essas sementes maravilhosas são paz, sucesso, harmonia e boa vontade. É uma colheita maravilhosa.

Deste momento em diante estou depositando no banco universal (meu subconsciente) sementes ou pensamentos de paz, confiança, controle e equilíbrio. Estou sacando os frutos das sementes maravilhosas que deposito. Creio e aceito o fato de que meu desejo é uma semente depositada no subconsciente. Torno-o real ao sentir a sua realidade. Aceito a realidade do meu desejo da mesma maneira que aceito o fato de que a semente depositada no solo vai germinar. Sei que cresce na escuridão; também o desejo ou ideal cresce na escuridão do meu subconsciente. Em pouco tempo, como a semente, aflora à superfície, como uma condição, circunstância ou evento.

A inteligência infinita me orienta por todos os caminhos. Medito em tudo que é verdadeiro, honesto, justo e generoso. Penso nessas coisas e o poder de Deus está com meus pensamentos para o bem. Estou em paz.

O caminho da oração

"Tornará seu caminho próspero e encontrará um bom resultado." Ofereço agora um padrão de sucesso e prosperidade à minha mente mais profunda, que é a lei. Identifico-me agora com a fonte infinita de suprimento. Escuto a voz serena interior de Deus. Essa voz interior leva, guia e governa todas as minhas atividades. Estou integrado com a abundância de Deus. Sei e creio que há caminhos novos e melhores para a condução de minhas atividades; a inteligência infinita me revela os novos caminhos.

Estou crescendo em sabedoria e compreensão. Minhas atividades são as atividades de Deus. E prospero divinamente por todos os caminhos. A sabedoria divina interior revela os meios e caminhos pelos quais minhas atividades se ajustam imediatamente à maneira certa.

As palavras de fé e convicção que agora expresso abrem todas as portas necessárias ao meu sucesso e prosperidade. Sei que "o Senhor (Lei) tornará perfeito tudo o que me envolve". Meus pés se mantêm no caminho certo porque sou um filho do Deus vivo.

A oração de fé

"A oração de fé salvará o doente e Deus o fará levantar." Sei que, apesar da negação de ontem, minha oração ou declaração da verdade se elevará triunfante hoje. Atenho-me firmemente à alegria da prece atendida. Caminho o dia inteiro sob a luz.

Hoje é dia de Deus; é um dia glorioso para mim, repleto de paz, harmonia e alegria. A fé no bem está gravada em meu coração. Estou absolutamente convencido de que há uma presença e uma perfeita lei que recebem agora a impressão do meu desejo e atraem irresistivelmente para a minha experiência todas as coisas boas que o coração deseja. Deposito toda fé e confiança no poder e na presença de Deus em mim; estou em paz.

Sei que sou um hóspede do infinito e que Deus é meu anfitrião. Ouço o convite do Sagrado: "Venha a mim com seu trabalho e lhe darei descanso." Repouso em Deus; tudo está bem.

A transmissão de Deus

"Todos vocês são irmãos, pois um só é seu pai." Sempre levo harmonia, paz e alegria a cada situação, a todos os meus relacionamentos pessoais. Sei, creio e proclamo que a paz de Deus reina suprema na mente e no coração de todos, em minha casa e meu trabalho. Não importa qual seja o problema, sempre mantenho a paz, o equilíbrio, a paciência e a sabedoria. Perdoo plena e livremente a todos, independentemente do que possam ter dito ou feito. Lanço todos os meus fardos ao eu-Deus interior; liberto-me; é um sentimento maravilhoso. Sei que a bênção me vem quando perdoo.

Vejo o anjo da presença de Deus por trás de cada problema ou situação difícil. Sei que a solução está ali e que tudo está se resolvendo na ordem divina. Confio implicitamente na presença de Deus; ela possui o conhecimento da realização. A ordem absoluta do Paraíso e sua sabedoria absoluta estão agindo por mim, agora e em todas as ocasiões; sei que a ordem é a primeira lei do Paraíso.

Minha mente se concentra agora nessa harmonia perfeita, com alegria e expectativa. Sei que o resultado é a solução perfeita e inevitável; minha resposta é a resposta de Deus. É divina, pois é a melodia da transmissão de Deus.

Oração de gratidão

"Dê graças ao Senhor; invoque o Seu nome; torne os Seus feitos conhecidos entre as pessoas. Entoe salmos ao Senhor, anuncie as Suas obras maravilhosas. Encontre a glória em Seu santo nome. Que se regozijem os corações daqueles que procuram o Senhor."

Dou graças sincera e humildemente por todo o bem, verdade e beleza que fluem por mim. Tenho o coração grato por todo o bem que sobreveio em minha mente, meu corpo e meus afazeres. Irradio amor e boa vontade para toda a humanidade. Elevo-me no pensamento e sentimento. Sempre demonstro minha gratidão e dou graças por minhas bênçãos. O coração agradecido leva minha mente e meu coração a uma união íntima com o poder do cosmos criativo. Meu estado de espírito agradecido e elevado me leva pelos caminhos em que todas as coisas boas sucedem.

"Passe pelos portões em gratidão e entre nos jardins em louvor. Seja grato ao Senhor e abençoe Seu nome."

Liberdade divina

"Se continuam em meu mundo, então são meus discípulos; e conhecerão a verdade e a verdade os libertará." Conheço a verdade, e a verdade é que a realização de meu desejo me libertará de todo senso de servidão. Aceito a minha liberdade; sei que já está determinada no Reino de Deus.

Sei que todas as coisas em meu mundo são projeções de minhas atitudes interiores. Transformo a mente ao me concentrar nas coisas que são verdadeiras, admiráveis, nobres e divinas. Contemplo-me agora a possuir todas as coisas boas da vida, como paz, harmonia, saúde e felicidade.

A contemplação se eleva ao ponto de aceitação; aceito totalmente os desejos de meu coração. Deus é a única presença. Estou expressando agora a plenitude de Deus. Estou livre! Há paz em meu lar, meu coração e todas as minhas atividades.

A palavra criativa

"Criem a palavra e não apenas escutem, enganando a si mesmos." Minha palavra criativa é a convicção silenciosa de que minha oração é atendida. Quando falo a palavra para a cura, o sucesso ou a prosperidade, é com a consciência da vida e poder, sabendo que está feito. A palavra tem poder porque se integra à onipotência. As palavras que falo são sempre construtivas e criativas. Quando oro, as palavras são repletas de vida, amor e sentimento; isso torna criativos os meus pensamentos, afirmações e palavras. Sei que, quanto maior a fé por trás da palavra expressa, mais poder ela possui. As palavras que uso formam um molde definido, determinando a forma que meu pensamento assumirá. A inteligência divina opera por meu intermédio agora e revela-me o que preciso saber. Tenho a resposta agora. Estou em paz. Deus é paz.

A oração científica

"**A**ntes que chamem, responderei; e enquanto ainda estão falando, ouvirei."

Quando oro, chamo o Pai, o Filho e o Espírito Santo; o Pai é a minha consciência; o Filho é o meu desejo; o Espírito Santo é o sentimento de ser o que quero ser.

Desvio agora a atenção do problema, qualquer que seja. A mente e o coração se abrem para o fluxo do alto.

Sei que o Reino de Deus está dentro de mim. Sinto, compreendo e sei que minha vida, consciência de ser, o eu sou, é o Espírito Vivo Todo-Poderoso. Volto-me agora em reconhecimento para Aquele que É para Sempre. A luz de Deus ilumina o meu caminho. Sou divinamente inspirado e guiado.

Começo agora a orar cientificamente, a fim de tornar o meu desejo manifesto, proclamando e sentindo ser e ter o que quero ser e ter. Caminho no silencioso conhecimento interior da alma, porque sei que minha oração já está atendida, na medida em que sinto a sua realidade em meu coração. Obrigado, Pai. Está feito!

O triunfo da oração

Agora me liberto de tudo; entrego-me à realização de paz, harmonia e alegria. Deus é tudo, acima de tudo, por tudo, tudo em tudo. Levo a vida triunfante porque sei que o amor divino me guia, orienta, sustenta e cura. A presença imaculada de Deus está no próprio centro do meu ser; manifesta-se agora em cada átomo do meu corpo. Não pode haver protelação, obstáculo ou obstrução ao desejo do meu coração. O poder todo-poderoso de Deus está agora operando por minha conta. "Ninguém lhe porá a mão e indagará: 'O que faz?'" Sei o que quero; meu desejo é definido e firme. Aceito-o plenamente em minha mente. Permaneço fiel até o fim. Tenho o conhecimento interior silencioso de que minha oração é atendida e minha mente se encontra em paz.

Renascimento espiritual

Hoje renasci espiritualmente! Desligo-me por completo da antiga maneira de pensar e trago o amor, a luz e a verdade de Deus para a minha experiência. Sinto conscientemente amor por todos os que encontro. Mentalmente, digo a todos com quem faço contato: "Vejo Deus em você e sei que você vê Deus em mim." Reconheço as qualidades de Deus em todos. Assim faço pela manhã, à tarde e à noite: é uma parte da minha vida.

Renasço espiritualmente agora porque durante o dia inteiro comungo com a presença de Deus. Não importa o que esteja me ocupando — andando pela rua, fazendo compras ou empenhado em meu trabalho —, sempre que meu pensamento se desvia de Deus ou do bem, trato de levá-lo de volta à contemplação de Sua sagrada presença. Sinto-me nobre, digno e divino. Sinto a união com Deus. Sua paz está em minha alma.

Oração para a paz mundial

A paz começa comigo. A paz de Deus enche a minha mente; o espírito de boa vontade se irradia de mim para toda a humanidade. Deus está por toda parte e povoa os corações de todos os homens. Em verdade absoluta, todos os homens são agora espiritualmente perfeitos; estão expressando as qualidades e atributos de Deus. Essas qualidades e atributos são amor, luz, verdade e beleza.

Não há nações separadas. Todos os homens pertencem ao mesmo país, à mesma nação — a Terra de Deus. Um país é uma morada; eu habito no lugar secreto do Altíssimo; caminho e falo com Deus — e o mesmo fazem todos os homens, em toda parte. Há apenas uma família divina, que é a humanidade.

Não há fronteiras ou barreiras entre as nações porque Deus é um, Deus é indivisível. Deus não pode ser dividido contra Si mesmo. O amor de Deus envolve os corações de todos os homens. Sua sabedoria guia a nação; Ele inspira os nossos líderes e os líderes de todas as nações a fazerem Sua vontade e apenas Sua vontade. A paz de Deus que transcende a toda compreensão enche a minha mente e as mentes de todos os homens, através do cosmo. Obrigado, Pai, por Sua paz. Assim seja.

Solto

Relaxo agora e me sinto solto. Estou em paz. A mente se preenche com a paz que transcende à compreensão. Há paz em meu lar, em meu coração, em todos os aspectos da minha vida. Eu me solto inteiramente porque sei que existe um Poder que responde quando falo. Esse Poder flui por mim; revitaliza cada átomo do meu ser. Irradio boa vontade para toda a humanidade. Meus pensamentos são os pensamentos de Deus, o poder de Deus está em meus pensamentos para o bem. "Esteja em paz e saiba que eu sou Deus." Estou sereno agora porque compreendo e sei que a única Presença e o único Poder habitam em mim. Fluem por mim; estou em paz e tudo está bem. Paz. Vejo a verdade; amo a verdade; conheço a verdade. Sei que minha força está na paz e confiança. Sua vida, amor e verdade fluem por mim agora e dou graças que assim seja.

Controle e equilíbrio

Minha mente está repleta de paz, controle e equilíbrio. Há em mim uma profunda serenidade interior. Estou tranquilo agora, com uma sensação de paz e justiça divina. Há uma solução divina para todos os meus problemas; dou graças, habito no Lugar Secreto do Altíssimo, estou à sombra do Todo-Poderoso. Ele é meu refúgio e salvação. "Meu Deus; n'Ele confiarei." Regozijo-me por receber as ideias de Deus; estou em paz. Sei que a inteligência infinita me leva e guia por todos os caminhos. "Os filhos de Deus proclamam a sua alegria." Sou um filho do Deus vivo e tudo o que o Pai tem está em mim. Conheço a verdade, amo a verdade, regozijo-me com a verdade. O espírito da verdade me conduz agora a toda a verdade. Estou sempre pensando da maneira certa. A sabedoria divina e a inteligência divina se refletem em mim. "Com meus olhos fixados em você, não há mal pelo caminho." Meus olhos estão fixados no bem e todo o bem me pertence. Ouço a voz de Deus; estou em paz.

Supere a dúvida

Conheço a verdade que me liberta. Deus é a verdade e estou expressando Deus em todas as coisas. Não duvido de meus parentes ou amigos. Cada um deles está expressando Deus agora; encontro o Cristo em todos. Concedo-lhes a liberdade, porque sei que todos pertencem a Deus. O amor divino em mim leva-me a saber que não receberei qualquer outra coisa que não o amor divino. Confio em meus amigos, pois confio no Deus que neles existe. Afasto todo sentimento de egoísmo e posse. Sei que o amor divino em mim percebe o amor divino em meus amigos. Saúdo a divindade no outro; estou em paz. Conheço e compreendo a verdade de ser. Creio apenas no bem. Não há nada além de Deus e seu mundo. Sou governado por Deus. Todos ao meu redor são seres perfeitos, espirituais e divinos. Adoro trabalhar com os outros. Adoro representar e expressar as ideias de Deus; regozijo-me por receber em troca as ideias de Deus. Estou transbordando de alegria e felicidade, pois sou a alegria infinita de Deus. Todos os meus colegas de trabalho são meus irmãos. Abençoo a todos. Sei que estão prosperando sob todos os aspectos. Estou cheio de confiança e fé.

Expulse o medo

Tenho absoluta confiança em Deus; espero o melhor; sei que só o bem pode me ocorrer. O amor divino em mim expulsa todo o medo; estou em paz. Vejo a presença de Deus por toda parte. Estou absolutamente sem medo. Deus está sempre comigo. Se Deus está a meu favor, quem pode estar contra mim? Sei que um com Deus é maioria; isso me cura e liberta de todo sentimento de medo. Somente os pensamentos de Deus me ocorrem; esses pensamentos continuamente afloram, proporcionando-me harmonia, alegria, paz e sucesso. Sou a consciência de Deus; estou cercado pelo amor divino. Penso certo em todas as ocasiões. O poder de Deus está em meus pensamentos de bem. Seu amor, vida e verdade fluem por mim; estou integrado em Sua onipresença sagrada. Estou sempre cercado pela paz infinita de Deus. Estou repleto de compreensão divina. O amor divino segue a minha frente, tornando o meu caminho reto, perfeito e alegre. Deus habita e fala em mim; sei que estou integrado a meu Pai; e meu Pai é Deus. Tenho fé em Deus; portanto, não tenho medo. "Não tenha medo, pequeno rebanho, pois o prazer de seu Pai é lhe oferecer o Reino."

Supere o ressentimento

Sei que todos os homens são meus irmãos. Todos possuímos um Pai em comum. Vejo o Cristo Vivo em todos os homens que encontro. Saúdo a Divindade em cada pessoa. O amor de Deus flui através de mim para toda a humanidade. Abençoo a todos os que me criticam. Rezo por aqueles que falam mal de mim. Regozijo-me pelo sucesso dos outros. Liberto a todos e deixo que sigam em paz. Abro as janelas da mente; deixo entrar o fluxo do Espírito Santo. Estou perfeito e purificado. Estou em paz. O amor de Deus preenche minha mente; tudo está bem. Sou o reflexo do amor de Deus; irradio amor para todos. Estou consciente de Deus por toda parte porque Deus existe em tudo. Sei que a ação de Deus está ocorrendo nas mentes e nos corações de todos. É maravilhoso!

Supere o sofrimento

O homem é espiritual e vive eternamente. Não há morte; tudo é vida. Deus é vida e essa vida é a minha vida agora. Não posso perder essa Vida. Deixo agora de sofrer pelas pessoas amadas, porque sei que elas vivem eternamente. Onde Deus é não há mal; há apenas Deus. Não estou separado das pessoas amadas porque só há uma mente e um Deus. N'Ele vivemos, agimos e temos a nossa existência. Somos todos a expressão de um único ser — uma consciência. Estou em contato com as pessoas amadas, pois o espírito é onipresente. Cada ideia que sai de mim deriva de Deus; essas ideias refletem a Sua beleza e verdade e me deixam absolutamente alegre. "Os filhos de Deus proclamam a alegria." Regozijo-me agora por receber a verdade de Deus. "Em Sua presença há plenitude de alegria." Somente as ideias de Deus afloram em mim e nas pessoas a quem amo; tudo está bem.

Supere a confusão

Sei que todas as coisas são feitas pela autocontemplação do espírito. Estou em paz. Paz é o poder no coração de Deus. O meu eu é o espírito vivo todo-poderoso. Tenho potencialidades infinitas. O eu-Deus povoa minha mente agora com ideias de beleza, perfeição e equilíbrio. Tenho a chave para a felicidade e crescimento. Sou o templo de Deus; o espírito de Deus habita em mim. Nunca me sinto confuso porque as ideias de Deus se manifestam em minha mente numa sequência perfeita. Todas as ideias de Deus me estão sempre disponíveis; meus únicos pensamentos são os pensamentos de Deus, que são perfeitos, plenos e belos. Minha mente possui um absoluto equilíbrio. Minha mente é a mente de Deus. As ideias de Deus me proporcionam alegria, felicidade, paz e harmonia. "Em Sua presença há uma plenitude de alegria."

Supere a irritação

"Aquele que é lento na ira é de grande compreensão; mas aquele que é precipitado no espírito exalta a loucura." Estou sempre equilibrado, sereno e calmo. A paz de Deus flui por toda a minha mente e todo o meu ser. Pratico a regra áurea e desejo sinceramente a paz e boa vontade para todos os homens.

Sei que o amor de todas as coisas que são boas penetra em minha mente e expulsa o medo. Estou agora vivendo na alegre expectativa do melhor. Minha mente está livre de toda preocupação e dúvida. Minhas palavras de verdade dissolvem cada emoção e pensamento negativo. Perdoo a todos; abro a porta de meu coração à presença de Deus. Todo o meu ser se enche com a luz e a compreensão que vêm do interior.

As coisas menores da vida não mais me irritam. Quando o medo, a preocupação e a dúvida batem à minha porta, a fé na bondade, na verdade e na beleza abre a porta — e nada encontra. Ó Deus, és meu Deus e nada mais existe.

Expulse a ansiedade

O Senhor é minha luz e minha salvação;
De quem terei medo?
O Senhor é a força da minha vida;
De quem terei medo?

SALMO 27

Este versículo do Salmo 27 proporciona a libertação pessoal de todos os medos. Revela a fonte de todo poder, força e sabedoria. Permite rejeitar o poder dos fatores externos, remove o fardo de seus ombros e o encaminha pela estrada para a paz de espírito, saúde e felicidade.

O Senhor é a presença de Deus, o EU SOU dentro de você. Em termos simples, psicológicos, o Senhor é a sua consciência. O que é a consciência? Seu estado de consciência é o que você pensa, sente, acredita, o raciocínio por trás de sua crença. A causa de todas as suas experiências é o pensamento e sentimento.

Recuse-se a conceder poder às condições e circunstâncias, ao mundo exterior. Seu pensamento inicia o processo de causa e efeito. Seu pensamento é causa; as condições não são causativas. Não há poder que desafie a onipotência; portanto, não há nada a temer. Se o medo sobrevém em sua mente, procure o centro divino; pense em Deus e Seu poder, compreendendo que só existe um poder e você está integrado nele agora. Nessa serenidade, nada exterior pode inibir, obstruir ou frustrar você. Pense em condições novas e melhores, na maneira como quer que as coisas sejam. Compreenda que, ao pensar, é a onipotência pensando e agindo por sua conta. O resultado é certo, pois se trata de Deus em ação.

Deus é o nome para o único poder, atuando de maneira benéfica em sua vida. Esse poder é soberano, supremo, único e indivisível. É automático. Esse poder inspira, guia e vela por você, fortalece e protege, por meios que você nem pode imaginar. Deus vive e reina em sua vida. A compreensão dessa verdade é a sua salvação.

Disciplinando a mente

E Maria descobriu-se grávida do Espírito Santo.

MATEUS, 1:18

O Espírito Santo ou Deus habita nas profundezas inconscientes de todos os homens. *José* é sua mente volitiva ou consciente. *Maria* representa a sua mente mais profunda, com as qualidades, atributos e potências de Deus. José, o consciente, deve ser um guia e protetor para a criança sagrada, que é a sua consciência da presença e poder de Deus dentro de você. Seu pensamento é José, e o sentimento ou emoção é Maria. Quando os dois se unem em paz e harmonia, sua oração é atendida; é Deus em ação. É a maneira como sua mente funciona, e o conhecimento disso é o nascimento da criança sagrada ou sabedoria em você. Promova um relacionamento harmonioso, sincronizado e alegre entre o consciente e o subconsciente e produzirá saúde, paz, força e segurança. Instale a ideia certa em sua mente e experimentará em seu coração o verdadeiro sentimento. A união do pensamento e sentimento representa o casal em você; quando se unem, o terceiro elemento, *paz* (Deus), entra em cena, e você experimenta a alegria da prece atendida. Deixe que seu coração se torne um cálice para o amor de Deus e uma manjedoura para o seu nascimento; como resultado, você expressará e produzirá um filho que é Deus na terra.

Supere o medo

Não há medo, pois "o amor perfeito expulsa o medo". Permito hoje que o amor me mantenha em perfeita harmonia e paz com todos os níveis do meu mundo. Meus pensamentos são generosos e harmoniosos. Sinto minha união com Deus, pois "n'Ele vivo e tenho o meu ser".

Sei que todos os meus desejos serão realizados em perfeita ordem. Confio na lei divina interior para fazer com que meus ideais se realizem. "O Pai faz o trabalho." Sou divino, espiritual, alegre e absolutamente sem medo. Estou agora cercado pela paz perfeita de Deus; é "a paz de Deus, que transcende a toda compreensão". Concentro agora toda a minha atenção na coisa desejada. Amo esse desejo e lhe concedo a minha atenção total.

Meu espírito se eleva em confiança e paz; é o espírito de Deus em mim. Proporciona uma sensação de paz e segurança. "O amor perfeito expulsa o medo."

A nova consciência

O Senhor é minha luz e minha salvação;
De quem terei medo?
O Senhor é a força da minha vida;
De quem terei medo?

SALMO 27

Afirme todos os dias, com um sentimento profundo: tenho uma nova e forte convicção da presença de Deus, que me mantém encantado, fascinado e sereno. Sinto-me confiante e sem medo. Sei que nada existe para temer — pois Deus é tudo o que existe e está em toda parte. N'Ele habito e tenho a minha existência; portanto, não tenho medo. O amor de Deus me envolve e Seu rio dourado de paz flui por mim; tudo está bem. Não tenho medo de pessoas, condições, eventos ou circunstâncias, pois Deus está comigo. A fé em Deus ocupa a minha alma e não tenho medo. Habito na presença de Deus, agora e para sempre, nenhum medo pode me afetar. Não temo o futuro, pois Deus está comigo. É minha habitação e estou cercado pela couraça de Deus. Deus me criou e me mantém. A sabedoria de Deus me conduz e guia; assim, não posso errar. Celebro agora o ano novo (convicção da presença de Deus), porque conheço no fundo do coração a grande verdade: *"Ele é mais íntimo do que respiração, mais próximo do que mãos e pés."*

O poder do pensamento

O homem é aquilo que pensa durante o dia inteiro. "Assim como um homem pensa em seu coração, assim ele é." Tenha uma consideração saudável e um respeito integral por seus pensamentos. Sua saúde, felicidade, sucesso e paz de espírito são em grande parte determinados pela consciência do poder do pensamento. Já ouviu dizer que os pensamentos são coisas e se realizam por si mesmos. Seu pensamento é uma força definida. Quando formula o pensamento, está na verdade pondo em ação o seu poder latente.

Pense em coisas que sejam verdadeiras, admiráveis e divinas, esteja absolutamente convencido da supremacia e autoridade do pensamento. Deve acreditar em seu próprio pensamento, não apenas como seu, mas como uma força por si mesmo; assim, tornará as suas orações eficazes.

A planta está na semente. O carvalho está na bolota. Você não dá vitalidade à semente; ela possui a sua própria matemática, mecânica e modo de expressão. Assim também o pensamento é a força; você não lhe confere força. Saiba disso e estará livre da tensão e ansiedade. Pensar com confiança no poder de seu pensamento é a ação de Deus em você e "Ele nunca falha".

Avance para a frente e para cima pelo reconhecimento da supremacia do poder espiritual e a autoridade de seu pensamento. É o caminho para obter resultados maravilhosos. Esse conhecimento aumenta a sua fé, permitindo-lhe experimentar a alegria da prece atendida.

Para a frente e para cima

Mantenha uma atitude mental positiva e construtiva e seguirá para a frente e para cima, ao encontro de Deus. As pessoas lhe falarão às vezes sobre as coisas ruins que inevitavelmente acontecerão; parece que não conhecem qualquer motivo para que alguma coisa boa deva acontecer. Dizem que a oração é um estado de desejo ansioso. Para elas, isso representa um desejo que não pode ser realizado ou que é bom demais para ser verdade.

Tudo o que é bom pode ser verdadeiro e tudo o que é maravilhoso pode durar. Proclame agora o seu bem e siga pela vida na pressuposição de que todas as coisas boas lhe pertencem.

O desejo bate à porta de cada coração. É a voz interior que nos diz: "Suba mais alto!" A oração é o começo da realização do desejo. Se o pensamento ansioso é desejar alguma coisa sem realizá-la, então quem é o pensador ansioso? É aquele que não compreende a oração. Deseja saúde, riqueza, prosperidade e expressão verdadeira, mas diz em seu coração: "Não acredito; não tenho fé." Em outras palavras, ele carece de fé e confiança, a que o princípio eterno da vida responde em todos nós.

O pensador científico sabe que há uma maneira de promover uma resposta a seus desejos. Reconhece a existência de uma lei subjetiva interior, que responde à sua fé e convicção. Compreende que receberá se orar com fé. Sua fé está bem firmada; ele se encontra em paz. Uma pessoa assim formulou o seu pedido à outra mente e sabe que será atendida.

Não olhe para o topo da montanha e diga: "É impossível!" Você está na verdade. Sua visão está no cume e a fé o levará até lá.

A mente tranquila

Deus habita no centro do meu ser. Deus é paz; essa paz me envolve em Seu seio agora. Há um profundo sentimento de segurança, vitalidade e força por trás dessa paz. Esse sentimento interior de paz, em que agora habito, é a presença meditativa silenciosa de Deus. O amor e a luz de Deus velam por mim, como uma mãe extremada vela pelo filho adormecido. No fundo de meu coração está a sagrada presença, que é paz, força e fonte de suprimento.

Todo o meu medo desapareceu. Vejo Deus em todas as pessoas; vejo Deus se manifestar em todas as coisas. Sou um instrumento da presença divina. Libero agora essa paz interior; flui por todo o meu ser, dissolvendo os problemas. É a paz que transcende à compreensão.

A paz de Deus

Tudo é paz e harmonia em meu mundo, pois Deus em mim é "O Senhor da Paz". Sou a consciência de Deus em ação; estou sempre em paz. Minha mente é equilibrada, serena e calma. Nesse clima de paz e boa vontade que me envolve, sinto uma força profunda e a libertação de todos os medos. A cada dia estou mais consciente do amor de Deus; tudo que é falso se desvanece. Vejo Deus personificado em todas as pessoas. Sei disso ao permitir que a paz interior flua pelo meu ser, resolvendo todos os problemas. Habito em Deus; portanto, repouso no seio eterno da paz. Minha vida é a vida de Deus. Minha paz é a paz profunda e inalterada de Deus. "É a paz de Deus, que transcende a toda compreensão."

Equilíbrio mental

"**P**ara onde fugirei do Seu espírito? Onde me refugiarei de Sua presença? Se subo ao céu, lá O encontro; se faço a cama no inferno, também O descubro ali. Se voo nas asas do vento e habito no fundo do mar, mesmo assim a Sua mão me conduz e a Sua mão direita me ampara." Estou agora dominado por um entusiasmo divino, porque estou na presença da Divindade. Estou na presença de todo poder, sabedoria, majestade e amor.

A luz de Deus ilumina minha inteligência; minha mente possui controle e equilíbrio. Há um ajustamento mental perfeito a todas as coisas. Estou em paz com meus pensamentos. Regozijo-me com meu trabalho, que me proporciona alegria e felicidade. Recorro continuamente à minha fonte divina, pois é a única presença e o único poder. Minha mente é a mente de Deus; estou em paz.

Controle das emoções

Quando um pensamento negativo de medo, inveja ou ressentimento penetra em minha mente, trato de suplantá-lo com o pensamento de Deus. Meus pensamentos são os pensamentos de Deus e o poder de Deus está com os meus pensamentos para o bem. Sei que possuo um domínio completo sobre os meus pensamentos e emoções. Sou um veículo do Divino. Oriento agora todos os meus sentimentos e emoções por linhas harmoniosas e construtivas. "Os filhos de Deus proclamam a alegria." Regozijo-me agora por aceitar as ideias de Deus, que são paz, harmonia e boa vontade. Sinto a maior satisfação em expressá-las, pois curam toda a discórdia em mim. Somente as ideias de Deus penetram em mim, proporcionando harmonia, saúde e paz.

Deus é amor. O amor perfeito expulsa o medo, o ressentimento e todos os estados negativos. Estou agora apaixonado pela verdade. Desejo para todos os homens tudo o que quero para mim; irradio amor, paz e boa vontade para todos. Estou em paz.

A vontade de Deus para mim

"Deus abre para mim as janelas do céu e me despeja uma bênção."

A vontade de Deus deve ser divina; pois essa é a natureza de Deus. A vontade de Deus para mim, portanto, é saúde, bondade, harmonia e abundância.

"Se habita em Mim e Minhas palavras habitam em você, pedirá o que quiser e lhe será concedido." Estou agora iluminado pela verdade; a cada dia cresço em sabedoria e compreensão. Sou um canal perfeito para as obras de Deus; estou livre de toda preocupação e confusão. A inteligência infinita interior é um lampião em meu caminho. Sei que sou levado a fazer a coisa certa, pois Deus está em ação em todas as minhas atividades.

A paz que transcende à compreensão povoa minha mente agora. Creio e aceito meu ideal. Sei que existe no infinito. Dou-lhe forma e expressão pela total aceitação mental. Sinto a realidade do desejo consumado. A paz de Deus está em minha alma.

Ser, fazer e ter

No centro do meu ser existe paz; é a paz de Deus. Na tranquilidade sinto a força, a orientação e o amor de Sua sagrada presença. Estou divinamente ativo; expresso a plenitude de Deus em todas as coisas. Sou um canal para o divino e agora liberto o esplendor interior aprisionado. Sou divinamente orientado para a minha verdadeira expressão na vida; sou compensado de uma maneira maravilhosa. Vejo Deus em tudo e personificado em todos os homens, por toda parte. Ao permitir que esse rio de paz corra por meu ser, sei que todos os meus problemas estão resolvidos. Todas as coisas de que preciso para me expressar plenamente neste plano são irresistivelmente trazidas pela lei universal da atração. O caminho é revelado a mim; transbordo de alegria e harmonia.

Impregnando a mente subconsciente

O primeiro passo na aceitação mental da ideia, desejo ou imagem é relaxar, imobilizar a atenção, ficar quieto. Essa atitude da mente tranquila e relaxada evita que coisas exteriores e falsas ideias possam interferir com a absorção mental do ideal; além disso, o esforço se reduz a um mínimo na atitude mental serena, passiva e receptiva. Nessa atitude relaxada proclame devagar e suavemente, várias vezes por dia, o seguinte:

A perfeição de Deus está agora se expressando por meu intermédio. A ideia de saúde está agora enchendo o meu subconsciente. A imagem que Deus tem de mim é uma imagem perfeita e o subconsciente recria meu corpo em consonância perfeita com a imagem perfeita na mente de Deus.

É uma maneira simples e fácil de transmitir a ideia de saúde perfeita a seu subconsciente.

Prevendo meu futuro

"**E** lhe concedeu o domínio sobre as obras de suas mãos."

Sei que a fé em Deus determina meu futuro. A fé em Deus significa a fé em todas as coisas boas. Integro-me agora com as ideias verdadeiras e sei que o futuro será à imagem e semelhança do meu pensamento habitual. "Assim como pensa em seu coração, assim um homem é." Deste momento em diante, meus pensamentos são "todas as coisas que são verdadeiras, todas as coisas que são honestas, todas as coisas que são admiráveis". Dia e noite medito sobre essas coisas e sei que as sementes (pensamentos) que semeio me proporcionarão uma colheita abundante. Sou o comandante de minha alma; sou o dono de meu destino, pois meu pensamento e meu sentimento são o meu destino.

Meu destino

Sei que moldo, oriento e crio meu destino. A fé em Deus é meu destino; isso significa uma fé permanente em todas as coisas boas. Vivo na alegre expectativa do melhor; somente o melhor me ocorre. Conheço a colheita que farei no futuro porque todos os meus pensamentos são pensamentos de Deus e Deus está com meus pensamentos para o bem. Os pensamentos são as sementes da bondade, da verdade e da beleza. Planto agora os pensamentos de amor, paz, alegria, sucesso e boa vontade no jardim da minha mente. É o jardim de Deus e produzirá uma colheita abundante. A glória e a beleza de Deus se expressarão em minha vida. Deste momento em diante, expresso vida, amor e verdade. Sou radiantemente feliz e próspero em tudo. Obrigado, Pai.

Ação certa

Irradio boa vontade para toda a humanidade, em pensamentos, palavras e ações. Sei que a paz e a boa vontade que irradio para cada homem voltam para mim mil vezes maiores. Qualquer coisa que eu precise saber é transmitida pelo Deus interior. A inteligência infinita opera por meu intermédio, revelando-me o que preciso saber. Deus em mim sempre conhece a resposta. A resposta perfeita está sendo revelada agora. A inteligência infinita e a sabedoria divina tomam todas as decisões por meu intermédio, há apenas a ação certa e a expressão certa ocorrendo em minha vida. Todas as noites me envolvo com o manto do amor de Deus e adormeço sabendo que conto com a orientação divina. E quando raia a manhã estou em paz. Inicio o novo dia com fé e confiança. Obrigado, Pai.

Imaginação, a oficina de Deus

"As pessoas perecem onde não há visão." Minha visão é o desejo de saber mais de Deus e Seus caminhos. Minha visão é para a saúde perfeita, harmonia e paz. Minha visão é a fé interior de que o espírito infinito me leva e orienta em todos os caminhos. Sei e creio que o Poder-Deus interior atende a minhas orações; é uma convicção profunda.

Sei que a imagem mental a que permaneço fiel será revelada no subconsciente e se projetará na tela do espaço.

Todos os dias imagino apenas, para mim e para os outros, o que é nobre, maravilhoso e divino. Imagino agora que estou fazendo a coisa pela qual anseio; imagino que possuo agora as coisas que desejo; imagino que sou o que quero ser. Para tornar real, sinto a sua realidade; sei que assim é. Obrigado, Pai.

A mente equilibrada

"Aquele que permaneceu no Senhor em sua mente será mantido em perfeita paz, porque n'Ele confiou." Sei que os desejos do meu coração vêm do Deus interior. Deus quer que eu seja feliz. A vontade de Deus para mim é vida, amor, verdade e beleza. Aceito mentalmente o meu bem agora e torno-me um canal perfeito para o Divino.

Chego à Sua presença cantando; entro em Seus jardins com louvor; sou alegre e feliz; sou tranquilo e equilibrado.

A pequena voz interior sussurra em meu ouvido, revelando-me a resposta perfeita. Sou uma expressão de Deus. Estou sempre no meu verdadeiro lugar, fazendo o que amo fazer. Recuso-me a aceitar as opiniões do homem como verdades. Volto-me para dentro e sinto o ritmo do divino. Ouço a melodia de Deus sussurrando sua mensagem de amor para mim.

Minha mente é a mente de Deus, estou sempre refletindo a sabedoria e a inteligência divinas. Meu cérebro simboliza a capacidade de pensar sábia e espiritualmente. As ideias de Deus afloram em minha mente com uma sequência perfeita. Estou sempre equilibrado, sereno e calmo, pois sei que Deus sempre revelará a perfeita solução para todas as minhas necessidades.

A resposta divina

Sei que a resposta a meu problema está no Deus interior. Ponho-me quieto, sereno e relaxado. Estou em paz. Sei que Deus fala em paz e não em confusão. Estou agora sintonizado com o infinito; sei e creio que a inteligência infinita está me revelando a resposta perfeita. Penso a respeito da solução para os meus problemas. Vivo agora no ânimo que teria se meu problema estivesse resolvido. Vivo sinceramente nessa fé e confiança permanentes que são o ânimo da solução; é o espírito de Deus operando dentro de mim. Esse espírito é onipotente; manifesta-se por si mesmo; todo o meu ser se regozija na solução; estou contente. Vivo nesse sentimento e dou graças.

Sei que Deus possui a resposta. Todas as coisas são possíveis com Deus. Deus é o espírito vivo todo-poderoso dentro de mim; é a fonte de toda sabedoria e iluminação.

A indicação da presença de Deus em mim é um senso de paz e equilíbrio. Suspendo agora todo o senso de tensão e luta; confio absolutamente em Deus. Sei que estão em mim toda a sabedoria e poder de que preciso para levar uma vida gloriosa e bem-sucedida. Relaxo o corpo inteiro; tenho fé em Sua sabedoria; estou livre. Proclamo e sinto a paz de Deus inundando a minha mente, meu coração e todo o meu ser. Sei que a mente serena encontra a solução para seus problemas. Apresento agora o pedido à presença de Deus, sabendo que tem uma resposta para oferecer. Estou em paz.

Um futuro melhor

Deus não nos concedeu o espírito do medo,
mas sim o do poder e do amor,
assim como uma mente firme.

Cada dia é um tempo de renovação, ressurgimento e renascimento. Toda a natureza proclama a glória de um novo dia. Serve para nos lembrar de que devemos despertar o Deus interior e levantar do longo sono de inverno de limitação e caminhar pela manhã de um novo dia e uma nova vida. Medo, ignorância e superstição devem morrer em nós, devemos ressuscitar a fé, a confiança, o amor e a boa vontade.

Comece agora a tomar a seguinte transfusão da graça e amor de Deus: "Estou repleto com a vida do Espírito Santo, purificadora, curativa, harmonizadora e revitalizadora. Meu corpo é o templo do Deus vivo, é puro, integral e perfeito em todas as partes. Cada função da minha mente e meu corpo é controlada e regida pela sabedoria e ordem divinas."

Procuro agora um futuro glorioso. Vivo na expectativa alegre do melhor. Todos os maravilhosos pensamentos divinos que acalento agora, neste dia, penetram no subconsciente, como numa tumba. Sei que, quando chegar o momento, os pensamentos vão aflorar como harmonia, saúde, paz, condições, experiências e eventos.

Passo agora do medo e falta de liberdade para Deus e a vida abundante. O homem-Deus elevou-se em mim. "Eis que faço todas as coisas novas!"

Prosperidade

*Que as palavras de meus lábios
e as meditações de meu coração
sejam aceitáveis em sua presença,
Senhor, minha força e redentor.*

SALMO 19:14

Uma das melhores maneiras de atrair prosperidade para a sua vida é ter o coração agradecido. Sempre dê graças e louve tudo o que lhe couber.

Se selecionar uma roseira em seu jardim e a abençoar várias vezes por dia, ela certamente responderá, desabrochando com um viço maior do que todas as outras.

Dê graças por ter o coração grato pelo alimento maravilhoso em sua mesa. Prospere ao abençoar as pessoas em sua casa e por toda parte. Para abençoar os outros, proclame que a presença de Deus se encontra no outro homem, que ele irradia amor e expressa mais e mais o amor, a luz e a verdade de Deus. Abençoe todos os seus parentes; abençoe cada situação; abençoe sua casa, seu ambiente, seu trabalho. Você está na verdade aplicando uma das grandes leis da prosperidade.

Prosperar significa crescer espiritual, mental e materialmente. Proclame agora: "Acionarei a lei da prosperidade de maneira maravilhosa em minha vida!" Diga com frequência: "Abençoo e faço prosperar cada pessoa de minha família. Dou graças, louvo e exalto Deus em meu marido, minha esposa e em meus filhos. Abençoo tudo que eles estão fazendo. Abençoo todos os presentes que dou. Sei que é mais abençoado dar do que receber. Abençoo meu negócio. Rezo e abençoo meus empregados, fregueses e todas as pessoas. Meu trabalho prospera, se multiplica, aumenta e me volta mil vezes maior."

Como promover a vida abundante

Sei que *prosperar* significa crescer espiritualmente em tudo. Deus está me fazendo prosperar agora na mente, no corpo e nos afazeres. As ideias de Deus afloram constantemente em mim, proporcionando saúde, riqueza e perfeita expressão divina.

Emociono-me interiormente ao sentir a vida de Deus vitalizando cada átomo de meu ser. Sei que a vida de Deus me anima, sustenta e fortalece agora. Estou expressando um corpo perfeito e radiante, cheio de vitalidade, energia e poder.

Minha empresa ou profissão é uma atividade divina; como é uma atividade de Deus, é bem-sucedida e próspera. Imagino e sinto uma plenitude interior operando por meu corpo, minha mente e meus afazeres. Agradeço e me regozijo na vida abundante.

A vida abundante

"Olhai os lírios do campo; não aram a terra e não tecem; mas Salomão, em toda a sua glória, não foi tão magnífico quanto um deles." Sei que Deus está me fazendo prosperar por todos os caminhos. Estou agora levando a vida abundante porque creio num Deus de abundância. Estou abastecido de tudo o que contribui para a minha beleza, bem-estar, progresso e paz. Experimento todos os dias os frutos do espírito de Deus que habita em mim; aceito o meu bem agora; caminho na compreensão de que todo o bem me pertence. Estou em paz, equilibrado e sereno. Estou integrado com a fonte da vida; todas as minhas necessidades são atendidas, em cada momento. Levo agora todas "as taças vazias" ao Pai interior. A plenitude de Deus se manifesta em todos os setores da minha vida. "Tudo o que o Pai tem é meu." Regozijo-me que assim seja.

Comprar e vender

Estou consciente de que existe uma lei perfeita da oferta e demanda. Adoto a regra áurea em todas as minhas atividades. Estou em paz. Qualquer coisa que eu deseje vender é uma ideia na mente de Deus. O princípio do conhecimento total existe em mim. Sei prontamente de tudo o que preciso. Sei que qualquer coisa que eu deseje comprar ou vender representa um intercâmbio de ideias na mente divina dentro de mim. Sei que há satisfação, harmonia e paz mútuas. O preço é certo; as pessoas são certas; tudo está em perfeita ordem. Conheço a verdade; compreendo a verdade e sou a consciência de Deus em ação. Todas as ideias de que preciso afloram constantemente dentro de mim, em sequência e combinação perfeitas. Recebo e regozijo-me com as ideias divinas e as entrego a meus semelhantes; recebo ideias em troca. A paz está comigo. Não há protelação na mente divina; aceito o meu bem.

Dinheiro — ideia de Deus

Sei que o dinheiro é uma ideia da mente divina. Simboliza riqueza; aceito-o como um meio de troca. Todas as ideias de Deus são boas. Deus criou todas as coisas; proclamou que a Sua criação era boa e muito boa. O dinheiro é bom; eu o uso sensatamente, criteriosamente, construtivamente. Eu o uso para abençoar a humanidade. É um símbolo muito conveniente; regozijo-me por sua circulação. As ideias de Deus estão instantaneamente disponíveis sempre que delas preciso. O dinheiro está sempre disponível para mim; tenho um excedente divino. Deus é minha fonte de suprimento; é meu suprimento agora; riquezas de todos os tipos fluem para mim em avalanches de abundância. Há apenas um Deus e uma Mente; cada ideia na mente de Deus é espiritual. Meu relacionamento com o dinheiro é amistoso. É um símbolo da riqueza de Deus, de Sua abundância infinita. A ideia de dinheiro é onipresente; estou integrado a toda a riqueza do mundo. Uso-a para o bem apenas e agradeço a meu Pai pelo suprimento.

A riqueza me pertence

Deus é minha fonte de suprimento e estou integrado nesse suprimento infinito. Todas as minhas necessidades são prontamente atendidas, em todos os momentos e em todos os pontos do espaço. Manifesto a abundância agora em todas as minhas atividades. Sou entrada e saída da mente de Deus. Não tenho medo e sou livre. Proclamo e sinto o espírito da prosperidade. Sirvo a meus semelhantes com alegria e amor; atraio todo o bem pela lei imutável da atração. Não há escassez, pois Deus é a fonte de tudo. Sou governado e abastecido por Deus. Levo todos os meus recipientes vazios ao depósito infinito interior; o Eu-Deus enche a todos; há um excedente divino. A lei divina responde a minha fé. Minha fé e confiança se depositam em Deus e não há base melhor.

Capacidade de realizar

Sei instantaneamente de tudo o que preciso saber, pois a inteligência infinita me leva e orienta em todos os caminhos. Sou a consciência de Deus em ação. Tenho absoluta confiança nesse Deus interior. As ideias certas afloram continuamente em mim, em sequência perfeita, regularidade infalível. Sou inspirado pelo alto; estou permanentemente me projetando para cima e para a frente. Estou continuamente com Deus. "Em sua presença há plenitude de alegria; em sua mão direita há prazeres para sempre." Estou sempre alegre. Tenho a capacidade e o poder para realizar. Qualquer coisa que eu concebo, posso consumar. Sou a atividade de Deus e essa atividade é sempre boa. Estou sempre transmitindo as ideias de Deus a meus semelhantes, proporcionando alegria e felicidade. Estou agora expressando e manifestando a luz, que é Deus. Estou sempre alerta, ativo e feliz. Obrigado, Pai!

Oração para o seu negócio

Habito agora na onipresença e oniação de Deus. Sei que essa sabedoria infinita guia os planetas em sua fonte. Sei que essa mesma inteligência divina governa e dirige todas as minhas atividades. Proclamo e creio que a compreensão divina me pertence em todos os momentos. Sei que todos os meus afazeres são controlados por essa presença permanente. Todos os meus motivos são divinos e sinceros. A sabedoria, verdade e beleza de Deus expressam-se por meu intermédio em todas as ocasiões. Aquele que Tudo Sabe dentro de mim sabe o que fazer e como fazer. Minha empresa ou profissão é completamente controlada, governada e dirigida pelo amor de Deus. A orientação divina é minha. Conheço a resposta de Deus, pois minha mente se encontra em paz. Repouso no seio eterno.

Problemas de negócios

Sei e creio que meu empreendimento é o empreendimento de Deus; Deus é meu sócio em todos os meus negócios. Para mim, isso significa que Sua luz, amor, verdade e inspiração povoam a minha mente e o meu coração em todos os caminhos. Resolvo todos os meus problemas ao depositar confiança absoluta no poder divino interior. Sei que essa presença me sustenta em tudo. Repouso agora em segurança e paz. Neste dia estou cercado pela compreensão perfeita; há uma solução divina para todos os meus problemas. Compreendo a todos; sou compreendido. Sei que todos os meus relacionamentos profissionais estão de acordo com a lei divina da harmonia. Sei que Deus habita em todos os meus fregueses e clientes. Trabalho harmoniosamente com os outros para que a felicidade, a prosperidade e a paz reinem supremas.

Princípio nos negócios

Meu empreendimento é o empreendimento de Deus. Estou sempre trabalhando no empreendimento do Pai, que é o de irradiar vida, amor e verdade a toda a humanidade. Estou me expressando plenamente agora; estou distribuindo meus talentos de uma maneira maravilhosa. Sou divinamente compensado.

Deus está fazendo prosperar meu empreendimento, profissão ou atividade, de maneira maravilhosa. Proclamo que todos aqueles em minha empresa são vínculos espirituais em seu crescimento, bem-estar e prosperidade; sei disso, creio nisso, regozijo-me que assim seja. Todos os que se relacionam comigo prosperam divinamente e são iluminados pela luz.

A luz que ilumina todos os homens do mundo me leva e orienta por todos os caminhos. Todas as minhas decisões são controladas pela sabedoria divina. A inteligência infinita revela-me melhores caminhos para servir à humanidade. Repouso eternamente no Senhor.

Como resolver seus problemas

"Quaisquer que sejam as coisas que deseje, quando ora, creia que as receberá e lhe serão concedidas." Sei que um problema possui a sua solução interior sob a forma de um desejo. A realização do meu desejo é boa, é muito boa. Sei e creio que o poder criativo interior possui o poder absoluto de promover o que desejo profundamente. O princípio que me proporcionou o desejo é o princípio que me proporciona a sua realização. Não há absolutamente qualquer dúvida em minha mente sobre isso.

Cavalgo agora o cavalo branco que é o espírito de Deus nas águas da minha mente. Desvio a atenção do problema e me concentro na realidade do desejo satisfeito. Estou usando a lei agora. Assumo o sentimento de que minha oração é atendida. Torno real ao sentir sua realidade. N'Ele eu vivo e tenho a minha existência. Vivo nesse sentimento e dou graças.

Passos para o sucesso

"Que todos saibam que estou empenhado nas atividades de meu Pai." Sei que meu empreendimento, profissão ou afazer é também de Deus. E tudo o que Deus faz é basicamente bem-sucedido. Estou crescendo em sabedoria e compreensão todos os dias. Sei, creio e aceito o fato de que a lei da abundância de Deus está sempre operando por mim, por meu intermédio, ao meu redor.

Meu empreendimento ou profissão segue sempre com a ação e a expressão certas. As ideias, o dinheiro, as mercadorias e os contatos de que preciso estão ao meu alcance, agora e em todas as outras ocasiões. Todas essas coisas são irresistivelmente atraídas para mim pela lei da atração universal. Deus é a vida do meu empreendimento; sou divinamente orientado e inspirado em todos os caminhos. A cada dia deparo com oportunidades maravilhosas de crescer, expandir e progredir. Estou irradiando boa vontade. Sou um grande sucesso, porque trabalho com os outros assim como gostaria que trabalhassem comigo.

Lei do sucesso

Sou a consciência de Deus em ação. Sei que é Deus operando por meu intermédio, pois Deus opera através do homem. "A lei do Senhor é perfeita." Há um resultado perfeito para todas as minhas atividades. Meu trabalho é sempre bem-sucedido porque é a obra de Deus, que é perfeita e divina. Tenho instantaneamente tudo o que preciso, porque sou abastecido e governado por Deus. Sempre sei como obter tudo o que preciso. "Meu Deus atenderá a todas as suas necessidades, conforme suas riquezas na glória." Estou repleto de paz, harmonia e alegria. Irradio Amor divino para toda a humanidade. Estou agora identificado com o sucesso; estou atraindo para mim, de acordo com uma lei imutável, as circunstâncias, condições, ideias, finanças e todas as coisas necessárias para a realização de meus planos. Sou divinamente conduzido por todos os caminhos. Deus me faz prosperar na mente, no corpo e nos negócios. Vou dormir todas as noites me sentindo bem-sucedido e feliz. "Deus concede a seu amado no sono." Obrigado, Pai.

O espírito progressivo

"Aqueles que O adoram devem fazê-lo em espírito e verdade." Contemplo agora o fato de que a inteligência infinita habita dentro de mim. Há uma bondade universal, que está por toda parte, ativa e presente: estou integrado em Deus, na vida, no universo, e em todas as coisas. A ação de Deus está ocorrendo agora em todas as minhas atividades. Prospero na mente, no corpo e nos negócios. Compreendo que a lei da vida é de progressão; estou crescendo espiritualmente, de maneira maravilhosa. Estou sintonizado com o infinito e Deus é meu parceiro. O sucesso me pertence agora, pois estou identificado com o sucesso e a prosperidade. Regozijo-me por ver todos os homens crescendo da maneira certa. Regozijo-me pelo sucesso de todos. O espírito do bem flui de mim para toda a humanidade. Tenho confiança e paz. Estou iluminado pela luz interior. A compreensão divina é um lampião que me ilumina o caminho, os braços eternos sempre prontos para me amparar.

Descoberta do poder

Você descobrirá as profundas reservas de poder no momento em que assumir que existem e se comportar como se estivesse convencido desta grande verdade: "Aquele que persevera até o fim será salvo."

O sucesso, a resposta à sua oração, a solução que procura, qualquer coisa virá na medida em que você perseverar. Nunca desista; jamais aceite um "não" como resposta. Avance sempre. O atleta que está disputando uma corrida muitas vezes se cansa, fica exausto, prestes a desistir. Rejeita totalmente o pensamento de fracasso ao convocar o Poder-Deus para renovar suas forças; ocorre então uma mudança espetacular. Uma grande onda de força e vitalidade o envolve. Os psicólogos dizem que é o "segundo fôlego".

Não pare antes de alcançar o segundo fôlego ou jamais descobrirá o poder oculto. O poder que move o mundo está dentro de você. Aja convencido disso e vai promover milagres em sua vida, transcendendo a seus sonhos mais delirantes.

"Mas aqueles que esperam no Senhor renovarão suas forças; subirão com asas como águias; correrão e não se cansarão; hão de caminhar sem desfalecer." (ISAÍAS, 40:31)

Alcançando meu objetivo

"Reconheça o Senhor em todos os caminhos e Ele iluminará os seus passos." Meu conhecimento de Deus e da maneira como Ele opera está aumentando cada vez mais. Controlo e oriento todas as minhas emoções por canais serenos e construtivos. O amor divino enche todos os meus pensamentos, palavras e ações. Minha mente está em paz; estou em paz com todos os homens. Estou sempre relaxado e à vontade. Creio implicitamente na orientação do Espírito Santo interior. Essa inteligência infinita em mim revela-me o plano perfeito de expressão; eu o executo com confiança e alegria. O objetivo que tenho em mente é bom, é muito bom. Plantei em minha mente a semente da realização. O poder todo-poderoso opera agora por minha conta; é a luz em meu caminho.

Como dispensar um tratamento

O tratamento espiritual significa que você recorre ao Deus interior e lembra a si mesmo de sua paz, harmonia, plenitude, beleza, amor infinito e poder ilimitado. Saiba que Deus o ama e cuida de você. Ao orar dessa maneira, o medo gradativamente se desvanecerá. Se orar por um problema de coração, não pense no órgão como doente, pois não seria um pensamento espiritual. Os pensamentos são coisas. Seu pensamento espiritual assume a forma de células, tecidos, nervos e órgãos. Pensar em um coração avariado ou pressão alta tende a acarretar mais do que você já tem. Deixe de pensar nos sintomas, nos órgãos ou em qualquer parte do corpo. Concentre a mente em Deus e seu amor. Sinta e saiba que só existe uma presença e poder curativo, assim como em seu corolário: *Não há poder para desafiar a ação de Deus.*

Proclame com serenidade e amor que o poder da presença curativa está fluindo por você, deixando-o absolutamente saudável. Saiba e sinta que a harmonia, a beleza e a vida de Deus se manifestam em você como força, paz, vitalidade, beleza, plenitude e ação certa. Tenha uma compreensão nítida disso e o coração avariado ou qualquer outra doença se dissolverá na luz do amor de Deus.

Glorifique a Deus em seu corpo. (I CORÍNTIOS, 6:20)

Usando o seu traje

Encontrei Deus no santuário de minha alma. Deus é vida; essa vida é minha vida. Sei que Deus não é um corpo; não tem forma, não tem idade; vejo Deus na imaginação. Através da compreensão, vejo Deus da mesma maneira que a solução de um problema matemático.

Elevo-me agora para uma consciência de paz, equilíbrio e poder. O sentimento de alegria, paz e boa vontade dentro de mim é, na verdade, o espírito de Deus; é Deus em ação; é o Todo-Poderoso. As coisas externas não possuem o poder de me afetar; o único poder se encontra em minha própria mente e consciência.

Meu corpo é o traje de Deus. O espírito vivo todo-poderoso está dentro de mim; é absolutamente puro, sagrado e perfeito. Sei que esse Espírito Santo é Deus e que este Espírito flui por mim agora, curando e tornando meu corpo saudável, puro e perfeito. Tenho poder total sobre o meu corpo e meu mundo.

Meus pensamentos de paz, poder e saúde possuem o poder de Deus para se realizarem dentro de mim agora. "Abençoados os puros de coração, pois verão a Deus." Tenho visto e sentido Sua sagrada presença. É maravilhoso!

Tratamento curativo

As dádivas de Deus me pertencem. Estamos reunidos na presença de Deus, de que fluem todas as bênçãos. Aproveito cada momento deste dia para glorificar a Deus. A harmonia, a paz e a abundância de Deus me pertencem. O amor divino que flui de mim abençoa a todos que me cercam. O amor de Deus é sentido por todos os presentes e os está curando neste momento.

Não temo o mal, porque Deus está comigo. Estou sempre cercado pelo círculo sagrado do amor e poder de Deus. Proclamo, sinto, sei e acredito absolutamente que o encantamento do amor e da vigilância de Deus me guia, cura e protege todas as pessoas de minha família, todas as pessoas que eu amo.

Perdoo a todos e irradio com profunda sinceridade o amor, a paz e a bondade de Deus aos homens, por toda parte. No centro do meu ser existe paz; é a paz de Deus. Nessa serenidade, sinto a Sua força e orientação, o amor de Sua presença divina. Sou divinamente orientado por todos os meus caminhos. Sou um canal aberto para o amor, a luz, a verdade e a beleza de Deus. Sinto o Seu rio de paz correndo por mim. Sei que todos os meus problemas se dissipam na mente de Deus. Os caminhos de Deus são os meus caminhos. As palavras que pronuncio alcançam o seu objetivo. Regozijo-me e dou graças, sabendo que minhas orações são atendidas. Assim seja.

Como aplicar o princípio curativo

"E restaurarei a sua saúde e curarei os seus ferimentos", disse o Senhor. O Deus em mim possui possibilidades ilimitadas. Sei que todas as coisas são possíveis com Deus. Creio nisso e aceito agora com toda sinceridade. Sei que o Poder-Deus em mim transforma as trevas em luz e endireita o que está torto. Sou elevado na consciência ao saber que Deus habita em mim.

Falo agora para a cura da mente, do corpo e dos negócios. Sei que esse princípio interior reage à minha fé e confiança. "O Pai tudo faz." Estou agora em contato com a vida, o amor, a verdade e a beleza dentro de mim. Integro-me agora no princípio infinito do amor e vida dentro de mim. Sei que a harmonia, a saúde e a paz se expressam agora em meu corpo.

À medida que vivo e ajo na pressuposição de minha saúde perfeita, esta se torna uma realidade. Imagino e sinto a realidade do meu corpo perfeito. Estou dominado por uma sensação de paz e bem-estar. Obrigado, Pai.

Oração curativa coletiva

Estamos reunidos na presença de Deus. Só há um deus, uma vida, uma lei, uma mente e um pai — nosso Pai. Somos todos irmãos, pois temos um Pai comum.

Saúdo a Divindade em cada pessoa nesta manhã. O amor de Deus flui por mim para todos os presentes e para todas as pessoas, em toda parte. Acredito e sei que o poder e a inteligência onipotente do infinito fluem por todas as pessoas aqui presentes e que cada uma está absoluta e definitivamente curada, física e mentalmente. Sei que a ação certa divina está ocorrendo em cada célula, órgão, tecido e função de cada pessoa, manifestando-se como paz, harmonia e saúde.

Creio que a orientação divina está sendo agora experimentada por todos nesta congregação. Deus — o Grande Conselheiro — leva a cada um por caminhos de felicidade e trilhas de paz.

As palavras que pronuncio agora alcançarão o seu objetivo e levarão a prosperidade a todos os lugares a que chegarem. Regozijo-me agora e entro num ânimo de graças, sabendo que minha oração de fé se realiza.

Visão perfeita

Meus olhos são os olhos de Deus e enxergo perfeitamente. A inteligência viva que fez meus olhos está agora controlando o processo e a função dos olhos e de todo o meu corpo. Creio e sei que minha visão é espiritual, eterna e indestrutível. "Mesmo por um olho só, seu corpo estará repleto de luz." Isso significa que vejo somente a verdade; amo a verdade; conheço a verdade. Vejo Deus em todos os homens e em todas as coisas. Vejo espiritualmente, mentalmente, fisicamente. Meus olhos refletem a glória, a beleza e a perfeição de Deus. Deus contempla através de meus olhos, vendo as Suas ideias de perfeição. Meus olhos são as janelas da alma; são puros e se concentram permanentemente no amor, na verdade e na beleza. O poder harmonizador, curativo e vitalizante do Espírito Santo impregna cada átomo, célula, nervo, tecido e músculo de meus olhos, tornando-os puros e perfeitos. O padrão divino e perfeito se manifesta agora em meus olhos, cada célula e cada átomo se conformam ao padrão de perfeição. Obrigado, Pai.

Olhos e ouvidos

Sou o Senhor que me cura. Minha visão é espiritual, eterna e uma qualidade da minha consciência. Meus olhos são ideias divinas e estão sempre funcionando perfeitamente. Minha percepção da verdade espiritual é clara e firme. A luz da compreensão raia em mim; vejo mais e mais da verdade de Deus a cada dia que passa. Vejo espiritualmente; vejo mentalmente; vejo fisicamente. Vejo imagens de beleza e verdade por toda parte.

A presença curativa infinita está agora, neste momento, reconstituindo meus olhos. São instrumentos perfeitos e divinos, permitindo-me receber mensagens do mundo interior e do mundo exterior. A glória de Deus revela-se em meus olhos.

Ouço a verdade; amo a verdade; conheço a verdade. Meus ouvidos são ideias perfeitas de Deus, funcionando perfeitamente, em todas as ocasiões. Meus ouvidos são os instrumentos perfeitos que me revelam a harmonia de Deus. O amor, a beleza e a harmonia de Deus fluem por meus olhos e ouvidos; estou sintonizado com o infinito. Ouço a voz serena de Deus dentro de mim. O Espírito Santo aguça minha audição e meus olhos permanecem abertos e livres.

Medicamento espiritual

"Um coração alegre faz tão bem quanto um medicamento, mas um Espírito alquebrado resseca os ossos." Estou sempre alegre, ativo e dinâmico. Estou sempre propagando as ideias de Deus a meus semelhantes e lhes proporciono paz, alegria e felicidade. "Em sua presença há uma plenitude de alegria; em sua mão direita há prazeres para a eternidade." "A alegria do Senhor é a minha força." Estou sempre animado, livre e transbordando de felicidade. Tenho domínio sobre todas as coisas em meu mundo; sinto minha integração com Deus, a vida, o universo e todas as coisas. Sou perfeitamente ajustado em termos emocionais. Medito como todas as coisas são belas, boas, maravilhosas e divinas. A paz de Deus é minha e agito a dádiva de Deus que é a alegria. Sou um filho do Deus vivo e "todos os filhos de Deus proclamam a sua alegria"!

Um tratamento espiritual

Tudo é espírito e a manifestação do espírito. Minha vida é a vida de Deus; sou perfeito agora. Todos os meus órgãos são ideias de Deus, a me beneficiarem. Sou um ser espiritual; sou um reflexo perfeito do Deus perfeito. Sinto e sei que sou perfeito em todas as coisas; sou espiritual, divino e sagrado. Estou integrado em meu Pai e meu Pai é Deus. Expresso harmonia, paz e alegria. Todo o crescimento em meu corpo e todas as minhas atividades são regidas pela inteligência infinita, que é o princípio ativo, onisciente e ordeiro chamado Deus. Sei que estou integrado na sagrada onipresença, cada átomo, tecido, músculo e osso do meu ser está impregnado com a radiância da luz ilimitada. Meu corpo é o corpo de Deus; sou integral e perfeito. Sou uma parte de Deus. Minha mente está inundada pela paz que transcende à compreensão e tudo está bem. Eu agradeço, Pai.

O templo sagrado

"Aqueles que forem plantados na casa do SENHOR florescerão nos jardins de nosso Deus." Estou tranquilo, em paz. O coração e a mente estão motivados pelo espírito da bondade, da verdade e da beleza. Meu pensamento fixa-se agora na presença de Deus interior; isso proporciona serenidade à minha mente.

Sei que a criação é o Espírito agindo por si mesmo. Meu verdadeiro eu age por si mesmo, criando paz, harmonia e saúde em meu corpo e minhas atividades. Sou divino no eu mais profundo. Sei que sou um filho do Deus vivo; crio como Deus cria, pela autocontemplação do espírito. Sei que meu corpo não age por si mesmo. É acionado por meus pensamentos e emoções.

Digo agora a meu corpo: "Esteja tranquilo." O corpo deve obedecer. Compreendo isso e sei que é uma lei divina. Afasto minha atenção do mundo físico; deleito-me na casa de Deus interior. Medito sobre harmonia, saúde e paz, que provêm da Essência-Deus interior. Estou em paz. Meu corpo é um templo do Deus vivo. "Deus está em seu templo sagrado; que toda a terra se mantenha em silêncio na sua presença."

Sua saúde

Deus anda e fala em mim. Ele é meu Deus e é perfeito. O espírito em mim é sempre perfeito, saudável, feliz e completo em si mesmo. Sou o reflexo da glória e da beleza do Deus perfeito. A luz do que é para sempre brilha por meu intermédio e ao redor de mim; cada átomo do meu ser se movimenta ao ritmo do Deus eterno. Meu coração é alegria; oferece um semblante animado. Minhas palavras são como um favo de mel; são doces à minha alma e saudáveis ao meu corpo. A luz de deus brilha através de meus olhos; o amor de Deus aflora em meu coração. Sei que faço todas as coisas que me fortalecem através de Cristo. Meu corpo é o corpo de Deus; é perfeito agora. O eu divino interno me proporciona neste momento saúde perfeita, felicidade e harmonia. Deus me mantém em perfeita paz. "Pai, agradeço porque me ouviu. E sei que sempre me ouvirá."

Oração da saúde

Jesus disse:
"A fé restaurou sua saúde."

Acredito absolutamente no poder curativo de Deus dentro de mim. Meu consciente e meu subconsciente estão de perfeito acordo. Aceito a verdade do que proclamo absolutamente. As palavras que falo são as palavras do espírito e são a verdade.

Determino agora que o poder curativo de Deus está transformando todo o meu corpo, tornando-o saudável, puro e perfeito. Creio com uma certeza interior absoluta que minha oração de fé está se manifestando agora. Sou guiado pela sabedoria de Deus em todas as coisas. O amor de Deus flui em beleza e amor transcendentais em minha mente e meu corpo, transformando, restaurando e revitalizando cada átomo do meu ser. Sinto a paz que transcende à compreensão. A glória de Deus me envolve e descanso para sempre nos braços eternos.

O poder de Deus

O poder que eleva, cura e fortalece da presença curativa está agora restaurando cada órgão de meu corpo. Deus em mim é poderoso para curar, fortalecer, purificar, revitalizar e me tornar absolutamente perfeito.

Deposito confiança total no Espírito Santo, que é a presença de Deus em mim. Sei que essa presença divina está promovendo a ordem em todos os aspectos da minha vida. Assumi "o homem novo, que Deus criou na probidade e santidade da verdade".

Vejo e sei que a vida de Deus se manifesta agora em minha carne. Vejo Deus em todo o meu ser; proclamo que a harmonia de Deus se manifesta agora em mim como força, pureza, beleza, saúde, perfeição e juventude eterna.

O poder do espírito rejuvenescedor opera agora em cada célula e fibra do meu ser, tornando-me puro, vigoroso e radiante com a vida e integridade divinas. Em cada momento de minha vida estou me tornando mais forte, mais saudável, mais feliz e mais jovem. A energia revigorante da vida de Deus flui por mim agora; sinto-me maravilhoso.

A dádiva de Deus

"Um coração alegre torna um semblante jovial." O espírito do To-do-Poderoso impregna cada átomo do meu ser, tornando-me saudável, alegre e perfeito. Sei que todas as funções do meu corpo reagem a essa alegria interior aflorando em mim. Estou agora elevando a dádiva de Deus dentro de mim; sinto-me maravilhoso. O óleo da alegria e iluminação unge a minha mente e acende um lampião em meu caminho.

Estou agora perfeitamente ajustado em termos emocionais; há um equilíbrio divino funcionando em minha mente, meu corpo e minhas atividades. Resolvo expressar daqui por diante paz e felicidade para todas as pessoas que encontrar. Sei que minha felicidade e paz vêm de Deus; à medida que distribuo Sua luz, amor e verdade a outros, também estou abençoando a mim mesmo, de incontáveis maneiras. Irradio o sol do amor de Deus a toda a humanidade. Sua luz brilha através de mim e ilumina o meu caminho. Estou determinado a expressar paz, alegria e felicidade.

O bálsamo curativo do amor

"Por esta saibam todos os homens que serão meus discípulos se amarem uns aos outros." Deus é o amor absoluto. Assim, a resposta é dada antes que o apelo se faça. O amor de Deus flui através de mim agora; estou cercado pela paz de Deus; tudo está bem. O amor divino me cerca, envolve e abrange. Esse amor Infinito está gravado em meu coração, inscrito em meu íntimo. Irradio amor em pensamento, palavras e ações. O amor unifica e harmoniza todos os poderes, atributos e qualidades de Deus dentro de mim. Amor significa alegria, paz, liberdade, bem-aventurança e louvor. Amor é liberdade. Abre portas de prisões e liberta todos os cativos. Irradio amor para todos, pois cada um representa o amor de Deus. Saúdo a Divindade no outro. Creio e sei que o amor divino me cura agora. O amor é um princípio que me guia; traz para a minha experiência relações perfeitas e harmoniosas. Deus é amor. "Aquele que habita no amor habita em Deus, e nele Deus habita."

A verdadeira amizade

Encontrei o meu companheiro divino e Ele é Deus. Instalou-Se em meu coração. Anda comigo; fala comigo; diz-me que sou Seu. É maravilhoso! Encontrei meus amigos Espirituais interiores; seus nomes são amor, alegria, paz, gentileza, bondade, fé, humildade e moderação. São os únicos amigos importantes. Constituem o verdadeiro poder todo-poderoso de Deus. Tendo encontrado os amigos interiores, eu agora atraio por uma lei imutável as pessoas que se integram comigo espiritualmente. Irradio amizade e amor para o mundo inteiro. Amo e sou amado por todos. Amo as pessoas; estou interessado em seu bem-estar e felicidade. Sei que todos os homens são meus irmãos. Dou o melhor de mim às pessoas; em troca, elas encontram alegria e prazer em minha presença e companhia. Estou agora atraindo amigos maravilhosos pela lei universal do amor; Deus é amor. Beijo Deus agora, num abraço mental, pois Ele é meu amado.

Meu companheiro divino

Eu e meu pai somos um só. Sei que Deus é a minha própria vida. Sinto-me seguro agora, pois sei que a vida, o amor e a verdade estão dentro de mim. Nunca estou sozinho. Deus está sempre comigo. "Seu bastão e seu cajado me confortam." Essa presença interior, o Eu-Deus, habita e fala em mim. Encontrando meu verdadeiro e eterno companheiro dentro de mim, jamais estou carente de amigos maravilhosos externamente. Deus é a plenitude de todas as coisas. Meu amigo divino é mais íntimo do que a respiração; está mais próximo do que mãos e pés. Irradio amor e amizade para o mundo inteiro e o mundo reage da mesma forma. Sou afetuoso; sou bom. Tenho agora um companheiro maravilhoso. Esse companheiro se integra comigo mental e espiritualmente, por todos os meios. É maravilhoso! O amor de Deus flui por meus pensamentos, palavras e ações. Assim por dentro, assim por fora. Encontrei meu companheiro divino interior e agora O reconheço no exterior.

O coração agradecido

"E um deles voltou ao ver que estava curado e glorificou a Deus, elevando a voz. E prostrou-se a seus pés, agradecendo." (LUCAS, 17:15-16) "Ore sem cessar. Em tudo dê graças." (I TESSALONICENSES, 5:17-18)

Concedo o reconhecimento supremo à presença de Deus dentro de mim. Agradeço sinceramente por todas as bênçãos recebidas. Agradeço por todo o bem em minha vida; vivo no sentimento de regozijo agradecido. Meu coração grato produz a magia da resposta divina. Em todos os dias da minha vida agradeço pelo conhecimento das leis da mente e dos caminhos do espírito. Sei que a gratidão é primeiro um movimento do coração, seguido por um movimento dos lábios. Meu coração abre a casa do tesouro do infinito dentro de mim e manifesta a fé no atendimento de minhas orações. Sou sinceramente grato porque encontrei Deus em mim. "Procurei o Senhor. Ele me ouviu e me livrou de todos os medos." Aquele que possui um coração agradecido está sempre sintonizado com o infinito e não pode suprimir a alegria que deriva de contemplar Deus e Sua sagrada presença. Agradeça por tudo.

Como perdoar

O perdão deve ocorrer em seu coração e sua mente para ser genuíno. Perdoar é dar. Dê a si mesmo o sentimento de amor e boa vontade, em vez do ânimo de ira, ressentimento ou ódio. A atitude mental governa a sua experiência. Mantenha a mente pura, equilibrada, serena e transbordando com a expectativa do melhor. Se sentir ressentimento contra outra pessoa, estará lhe dando poder demais e prejudicando a si mesmo. Perdoar é mudar o pensamento e mantê-lo mudado. Use a técnica seguinte ao perdoar: faça uma oração pela outra pessoa, com toda sinceridade e fervor, mencionando seu nome. Ore assim: "Deus o faz prosperar. A paz de Deus enche a sua alma; ele é inspirado e abençoado em todos os caminhos." Regozije-se porque a lei de Deus está funcionando por ele, através dele e ao seu redor. Continue até que seu coração e sua mente estejam tão repletos de amor que não haja mais espaço para o ressentimento. E agora você está livre.

O amor liberta

Deus é amor e Deus é vida; essa vida é única e indivisível. A vida se manifesta nas pessoas e através delas; está no centro do meu ser.

Sei que a luz dissipa as trevas; da mesma forma, o amor do bem supera todo o mal. Meu conhecimento do poder do amor supera agora todas as condições negativas. Amor e ódio não podem habitar juntos. Acendo agora a luz de Deus sobre todo o medo ou todos os pensamentos ansiosos em minha mente, obrigando-os a fugir. A manhã (luz da verdade) surge, e as trevas (medo e dúvida) fogem.

Sei que o amor divino vela por mim, guia e abre os caminhos. Estou me expandindo para o Divino. Estou agora expressando Deus em todos os meus pensamentos, palavras e ações; a natureza de Deus é amor. Sei que o "amor perfeito expulsa o medo".

O lugar secreto

"Aquele que habita no lugar secreto do Altíssimo estará à sombra do Todo-Poderoso."

Habito no lugar secreto do Altíssimo; é a minha mente. Todos os meus pensamentos são de harmonia, paz e boa vontade. Minha mente é a morada da felicidade, alegria e um profundo senso de segurança. Todos os pensamentos que entram em minha mente contribuem para a minha alegria, paz e bem-estar geral. Vivo e tenho o meu ser no clima de amizade, amor e unidade.

Todos que habitam em minha mente são filhos de Deus. Estou em paz na mente com todas as pessoas da minha casa e toda a humanidade. Desejo para todos os homens o mesmo bem que desejo para mim. Estou vivendo na casa de Deus agora. Tenho a paz e felicidade, pois sei que habito na casa do Senhor para sempre.

Subindo cada vez mais alto

Não há medo no amor. "O amor perfeito expulsa o medo." Possuo agora uma compreensão interior profunda que me permite controlar todas as circunstâncias de minha vida. Estou agora no comando. Contemplo a presença divina dentro de mim; compreendo que Sua vida, amor e alegria fluem através de mim. Há uma nova exuberância em meus passos; há uma nova luz em meus olhos. Sou iluminado pela luz d'Aquele que É Para Sempre. Habito no amor. Sou elevado para um nível superior de consciência; sinto as belezas e glórias interiores de Deus. Deixo hoje o amor me manter em paz e harmonia. Sinto o ritmo do universo; cada átomo do meu ser se movimenta ao ritmo do Deus eterno. Minha visão se concentra na luz, no amor e na verdade; sou divinamente conduzido por todos os caminhos. Meus olhos estão em Deus e minha percepção é perfeita agora. Vejo Deus por toda parte. "Cheguei agora e habitarei em você", disse o Senhor.

Como atrair o marido ideal

Sei que estou integrado em Deus agora. N'Ele vivo e tenho o meu ser. Deus é vida; essa vida é a vida de todos os homens. Somos todos filhos do mesmo Pai.

Sei e creio que há um homem esperando para me amar e respeitar. Sei que posso contribuir para sua felicidade e paz. Ele ama meus ideais e eu amo seus ideais. Ele não quer me dominar e eu não quero dominá-lo. Há mútuo amor, liberdade e respeito.

Há uma só mente; eu o conheço agora nessa mente. Estou me integrando agora às qualidades e atributos que admiro e quero que sejam expressos por meu marido. Integro-me à mente, já nos conhecemos e amamos na mente divina. Vejo o Deus nele; ele vê o Deus em mim. Depois de conhecê-lo *dentro*, devo encontrá-lo *fora*; pois essa é a lei da minha mente.

Essas palavras se irradiam e se realizam onde são enviadas. Sei que já está consumado em Deus. Obrigada, Pai.

Como atrair a esposa ideal

Deus é um e indivisível. N'Ele amamos e existimos. Sei e creio que Deus habita em cada pessoa. Estou unido a Deus e a todas as pessoas. Atraio agora a mulher certa, que está em completo acordo comigo. É uma união espiritual porque é o espírito de Deus operando através da personalidade de alguém com quem combino perfeitamente. Sei que posso dar a essa mulher amor, luz e verdade. Sei que posso tornar a vida dessa mulher plena, completa e maravilhosa.

Proclamo agora que ela possui as seguintes qualidades e atributos: é espiritual, leal, fiel e sincera. É harmoniosa, serena e feliz. Somos irresistivelmente atraídos um pelo outro. Somente o que pertence ao amor, à verdade e à plenitude pode entrar em minha experiência. Aceito agora a minha companheira ideal.

Como realizar meu desejo

Meu desejo é a voz de Deus me falando. É o murmúrio de meu coração. Sei que todas as coisas são possíveis com Deus. Deus é meu eu-profundo — o espírito informe e invisível dentro de mim. Tomando consciência do desejo, sei que deve existir no Invisível para mim. Sei que é meu direito neste momento. Aceito em minha própria consciência. Sei que agora liberei o desejo para a lei criativa, que é a fonte de toda criação. A lei criativa está dentro de mim; é meu subconsciente. Sei quando a ideia ou o desejo gravados no meu interior devem ser expressos. Sei que o sentimento é a lei e a lei é o sentimento. Sinto que sou agora o que desejo ser. Ao contemplar agora o meu desejo, obtenho a reação que o satisfaz. Regozijo-me pelo senso de posse. Todo o meu ser se regozija pela realidade do desejo realizado. Estou em paz. Exulto e dou graças. "Está feito."

A ressurreição do meu desejo

Meu desejo de saúde, harmonia, paz, abundância e segurança é a voz de Deus falando por meu intermédio. Opto por ser feliz e bem-sucedido. Sou orientado por todos os caminhos. Abro a mente e o coração ao fluxo do Espírito Santo; estou em paz. Atraio pessoas bem-sucedidas e felizes para a minha experiência. Reconheço apenas a presença e o poder de Deus dentro de mim.

A luz de Deus brilha por meu intermédio e ilumina tudo ao meu redor. A emanação do amor de Deus flui de mim; é uma radiância curativa para todos que surgem em minha presença.

Assumo agora o sentimento de ser o que quero ser. Sei que o caminho para ressuscitar meu desejo é permanecer fiel a meu ideal, sabendo que um poder todo-poderoso opera por minha conta. Vivo nesse ânimo de fé e confiança; dou graças que assim seja; pois está definido em Deus e tudo está bem.

O santo homem*

Há muito e muito tempo havia um Santo Homem, tão bom que os anjos surpresos vinham do céu para verificar como alguém podia ser tão divino. Ele levava sua vida cotidiana a irradiar amor, da mesma forma que a estrela difunde luz e as flores exalam perfume, sem mesmo estar conscientes disso. Duas palavras resumiam o seu dia: ele dava e perdoava. Mas essas palavras nunca saíam de seus lábios; expressavam-se em seu sorriso fácil, bondade, amor e boa vontade.

Os anjos disseram a Deus: "Ó Senhor, conceda-lhe o dom dos milagres."

Deus respondeu: "Concordo. Perguntem a ele o que deseja." "E então, o que você deseja?", indagaram os anjos.

"O que posso desejar?", perguntou o Santo Homem, sorrindo. "Deus já me concedeu Sua graça. Com isso, não tenho tudo?"

Os anjos insistiram: "Deve pedir um milagre ou algum lhe será imposto."

"Está bem", disse o Santo Homem. "Que eu possa fazer muito bem sem jamais saber."

Os anjos ficaram profundamente desconcertados. Reuniram-se e combinaram o seguinte plano: cada vez que a sombra do Santo Homem ficar para trás ou para qualquer lado, de tal forma que ele não possa vê-la, a sombra deve ter o poder de curar doenças, aliviar a dor e confortar o pesar.

E assim aconteceu. Quando o Santo Homem andava, sua sombra no chão, em qualquer lado ou por trás, fazia com que as trilhas áridas

---

* Adaptado de "A sombra sagrada".

se tornassem verdejantes, levava as plantas murchas a desabrocharem, trazia água cristalina a córregos secos, cor saudável a criancinhas pálidas, alegria a mães infelizes. O Santo Homem prosseguia em sua vida cotidiana a irradiar amor, assim como a estrela difunde luz e a flor exala perfume, sem jamais terem consciência disso.

E as pessoas, respeitando sua humildade, seguiam-no em silêncio, jamais falando de seus milagres. Pouco a pouco, até esqueceram seu nome, passando a chamá-lo apenas de "O Santo Homem".

Como orar com um baralho

Ninguém conhece realmente a origem do misterioso e fascinante baralho moderno. Há uma lenda antiga sobre a origem das cartas de jogar, relatando que há muitos milhares de anos os sábios chineses reuniram-se, sob a liderança do maior de todos, a fim de discutir o problema apresentado por legiões de brutais invasores, que saqueavam e destruíam a Terra. A questão a ser resolvida era a seguinte: "Como poderemos preservar a sabedoria antiga da destruição nas mãos dos invasores?"

Houve muitas sugestões. Alguns achavam que os pergaminhos e símbolos antigos deveriam ser enterrados nas montanhas do Himalaia. Outros sugeriram que a sabedoria fosse guardada em mosteiros no Tibete. Ainda outros ressaltaram que os templos sagrados da Índia eram os lugares ideais para a preservação da sabedoria de seu Deus.

O líder dos sábios manteve-se em silêncio durante toda a discussão. Chegou até a dormir no meio das conversas, roncando tão alto que deixou a todos consternados. Despertou pouco depois e declarou:

— Tao (Deus) deu-me a resposta e é a seguinte: chamaremos os grandes artistas pictóricos da China, homens dotados com a imaginação divina (que é a oficina de Deus), e lhes diremos o que desejamos realizar. Vamos iniciá-los nos mistérios da verdade. Eles reproduzirão em imagens as grandes verdades que preservaremos por todos os tempos e por incontáveis gerações que ainda nascerão. Quando eles acabarem a representação das grandes verdades, poderes, qualidades e atributos de Deus, através de uma série de cartões, revelaremos ao mundo que um novo jogo foi criado. Os homens do mundo inteiro, através dos tempos, usarão essas cartas como uma forma de jogo de acaso, sem saber que através desse artifício simples estarão preservando os ensinamentos sagrados para todas as gerações.

Essa teria sido a origem de nosso baralho. Muitos pesquisadores acham que as cartas de jogar são originárias do Egito, de onde derivou o nome *gypsies* (ciganos), uma tribo de nômades que viajou pelo mundo inteiro, lendo a mão e adivinhando o futuro pelas cartas, entre muitas outras coisas. Na verdade, não tem importância se o baralho é originário da China, da Índia ou do Egito. O que interessa é que as cartas representam as mais profundas verdades psicológicas e espirituais. De um modo geral, concorda-se que as nossas cartas são derivadas das antigas cartas do tarô, que teriam sido criadas por místicos hebreus para representar simbolicamente como as leis de Deus operam no cosmo e no homem. Consistem de varas, taças, espadas e pentagramas. Das 76 cartas do tarô, 22 são chamadas de "trunfos". Há uma letra ou palavra hebraica atribuída a cada carta, com um significado específico e definido.

Pode-se compreender o significado interior da Bíblia pelo conhecimento do alfabeto hebraico e da ciência do simbolismo. Os antigos diziam que se todas as Bíblias do mundo fossem destruídas ainda se poderiam ressuscitar as verdades eternas e as leis da vida, através das imagens e do simbolismo das cartas do tarô, das quais derivaram as nossas cartas. As cartas têm sido usadas erroneamente ao longo dos tempos para propósitos de adivinhação, mas não resta a menor dúvida de que o objetivo original delas era transmitir ao homem as profundas verdades místicas. A adivinhação por diversos meios persiste ao longo dos tempos. Moisés condenou os arúspices, augures e os que depositavam fé em sons e vozes. Quando damos atenção a profecias do mal, estamos na verdade rejeitando a causa primeira — Deus, o espírito interior.

Devemos conceder suprema autoridade e reconhecimento à presença de Deus interior e nos tornarmos os verdadeiros profetas, prevendo apenas o bem. Nosso ânimo, o sentimento interior e a convicção da presença de Deus e sua bondade eterna se manifestarão em nosso mundo. Nossos ânimos e nossa convicção são nossos profetas. O que sentimos por dentro como verdade experimentamos no mundo exterior. Se começamos com Deus e compreendemos que Ele reina supremo em nossas mentes, só pode haver um resultado, o bem, pois Deus e o bem são sinônimos. O começo e o fim são sempre os mesmos. Comece com Deus como poder supremo e amor ilimitado e estará sempre certo do futuro. O futuro é sempre o presente desenvolvido. É o pensamento que se torna visível. Você pode estar absolutamente certo de seu futuro se plantar agora, hoje, as coisas que sejam verdadeiras, nobres e divinas no jardim de Deus — a sua própria mente.

Você molda, define e orienta o seu próprio destino. O futuro já existe em sua mente e pode ser mudado através da oração, meditação e visão mística. Você pode sofrer uma lavagem cerebral e ser induzido por outros a acreditar em terríveis predições de infortúnio e perda. Mas não se esqueça de que assim abdicou de sua autoridade e permitiu que os pensamentos se tornassem negativos, criando as coisas que temia. *"O que eu mais temia me aconteceu."* (Jó)

No instante em que você instala um rival de Deus em sua mente, está procurando e pedindo dificuldades. A fé em Deus e no Seu amor é a sua sorte; daqui por diante, creia e viva na constante expectativa do melhor. O que é verdade para Deus também é para você. E isso é maravilhoso!

Descrição do baralho moderno

Há 52 cartas e uma carta extra a que se dá o nome de "curinga". O baralho está encapado e lacrado. É preciso romper o lacre para usar as cartas. Isso é simbólico do homem, pois cada um de nós é um livro lacrado. O homem aloja Deus — é o tabernáculo do Deus vivo. Dentro do homem está a presença de Deus. Toda a sabedoria, a inteligência e o poder do infinito estão nas profundezas do homem, esperando para emergirem. O homem deve romper o lacre e tomar conhecimento do esplendor aprisionado dentro de si. Quando o homem descobre os poderes do consciente e do subconsciente, a lei da ação e reação, rompeu o lacre e começa a compreender que os pensamentos são coisas, que atrai o que sente e experimenta o que acredita. Se você pensa de uma maneira determinada, persistentemente, grava uma impressão ou conceito no subconsciente. Torna-se assim uma força subconsciente a governar suas ações exteriores.

O homem revelado é espírito, mente. Quando pensa em si mesmo fora de seu corpo, nome, nacionalidade, lar e ambiente, o que você é? Despoje-se agora de seu corpo e dirá: "Eu sou espírito, eu sou mente." Está mentalmente rompendo o lacre e descobre o reino de Deus interior.

O curinga ou *joker* é a carta extra, sendo geralmente rejeitada. Mas é claro que adquire um valor maior quando se está fazendo um jogo. O curinga é Deus e geralmente é rejeitado pelo homem, porque o homem comum tem um Deus exterior — uma espécie de ser antropomórfico, vivendo no céu, uma divindade vingativa. Ou então tem um conceito vago e confuso de Deus, baseado na ignorância, no medo e na superstição. O homem comum rejeita o curinga ou Deus interior; refuta o fato de que sua própria consciência é Deus para o seu mundo e que cria e molda seu futuro pelos pensamentos e sentimentos que acalenta.

Quando você usa o curinga ou poder oculto interior, amplia tudo em sua vida. Comece a usar o poder divino interior e aumente a sua saúde, paz, felicidade e alegria; este é o significado do curinga. Não podemos negligenciar o poder espiritual interior. Se não oramos, meditamos e comungamos com Deus, se não absorvemos as suas verdades, então mergulhamos no clima negativo do mundo, manifestando-se em medo, guerra, rumor de guerra, desumanidade do homem com o homem, problemas de negócios, manchetes de jornais e assim por diante. Se continuamos a nos alimentar mentalmente com todos os tipos de problemas, doenças, calamidades, tais pensamentos alcançam um ponto de realização interior, resultando em precipitação de doença e de todos os distúrbios em nossas vidas.

Não compensa rejeitar a pedra da verdade. "A pedra que os construtores rejeitaram é a base de tudo." Instale Deus de volta no trono de sua mente, afirme a sua orientação, torne-se reabastecido, do ponto de vista da verdade e da beleza.

São 52 cartas, e a soma é o algarismo "7". Há 52 semanas no ano, que representam o fim de um ciclo solar. O ciclo também ocorre em nossa mente. Quando você acalenta uma ideia, quando a abastece mentalmente e se torna absorvido em sua realidade, a ideia passa do consciente para o subconsciente. O ciclo está completo, porque você gravou no subconsciente o conceito, a ideia, o plano ou o propósito. Tudo o que está gravado no subconsciente será manifestado e o ciclo se realiza. A gravação no subconsciente é chamada de "sexto dia"; ou seja, seu ato mental e emocional está completo. Segue-se o repouso, o "sétimo dia", ou o dia do descanso em Deus. Há sempre um intervalo entre a impressão do subconsciente e a manifestação exterior de sua oração — esse período de tempo é conhecido como Sabá ou certeza interior, que acompanha a alegria da oração atendida. O baralho consiste de quatro naipes: paus, espadas, copas e ouros. Simbolizam a natureza espiritual, mental, emocional e física do homem. Os quatro naipes representam também as quatro letras do nome de Jeová, que são Yod-He-Vau-He. *Yod* significa "Eu sou Deus ou o espírito interior". *He* é seu desejo ou imagem mental. *Vau* significa o sentimento e o *He* final é a manifestação exterior do que você viu e sentiu interiormente como verdadeiro em sua própria mente. Em termos simples do cotidiano, significa que qualquer ideia, conceito ou imagem mental que você acalenta em sua mente, se sentir e reconhecer, vai experimentar o resultado, quer seja negativo ou positivo.

Os quatro naipes estão lhe ensinando como orar, pois esta é a maneira como você promove em sua vida todas as experiências, condições e eventos. É a maneira como todas as coisas se tornam manifestas em seu mundo. Não há nada que você experimente que não suceda assim.

Cada naipe de treze cartas

Três cartas em cada naipe são figuras — rei, dama e valete. As outras dez são numeradas, de ás ou um a dez. O rei, a dama e o valete representam a trindade, o pai, a mãe e o filho, que aparecem simbolicamente em todas as grandes religiões do mundo. Em termos simples do cotidiano, a ideia ou pensamento que você tem é o pai, o sentimento é a mãe, e a união das duas produz um filho mental, que pode ser a cura da mente, do corpo ou de um problema profissional. A resposta simples, assim como a oração simples, é sempre a melhor.

Outra explicação para o rei é a de que você nasceu para ser um rei sobre a sua própria mente, seu próprio corpo e suas próprias circunstâncias. O consciente iluminado é rei, pois ordena, dirige e dá instruções para a dama, o subconsciente ou natureza subjetiva. O valete representa o seu desejo, ideia ou plano ainda não manifesto. Assim, deve haver uma união do consciente e subconsciente com seu desejo. Se ambos estiverem de acordo, o desejo poderá se consumar e nada será impossível.

Há dez cartas numeradas. Explicarei o dez rapidamente: "1" representa o masculino e "o" o feminino. A união dos dois resulta no ato criativo, em termos mentais e espirituais, assim como físicos. As dez cartas numeradas representam a integração harmoniosa do consciente e do subconsciente nas quatro fases de sua vida — espiritual, mental, emocional e material. As virtudes do dez são infinitas. O dez significa Deus em diferenciação infinita, pois você pode acrescentar zeros incontáveis ao algarismo 1.

As figuras

As figuras são duplas, indicando a nossa natureza dupla; vivemos num mundo mental e espiritual, mas também num mundo objetivo ou tridimensional. Quando o mundo exterior nos desagrada, podemos ir para o reino da mente, orando e nos identificando com o nosso ideal, alimentando-o através da permanência frequente na mente, até que ele se concretize. Quando isso acontece, o exterior e o interior se tornam um só, estamos em paz. Mudamos o exterior pela mudança do interior. O exterior é sempre um reflexo do interior. "Assim por dentro, assim por fora." Há duas extremidades num bastão, um interior e um exterior em tudo. Vida é uma unidade funcionando como uma dualidade; há noite e dia, fluxo e refluxo, paz e angústia, doença e saúde, objetivo e subjetivo, invisível e visível, positivo e negativo, matéria e espírito, bem e mal. Os opostos são expressões duplas do mesmo princípio eterno, que é para sempre pleno e perfeito por si mesmo.

Os ornamentos

Os reis têm barbas, que simbolizam a sabedoria e o poder de Deus. As coroas representam a autoridade e supremacia do espírito operando na mente do homem. O rei de ouros com a mão levantada indica sua fidelidade a Deus — o único poder. Por trás dele há um machado, sugerindo que a lei do subconsciente é sempre exata, matemática e justa. "Assim como semeamos, também colheremos." O machado também é indicativo da reação negativa da lei se violamos a harmonia ou a ordem divina em nossa vida. Pense o mal e o mal sucede; pense o bem e o bem sucede — esta é a lei. O rei de copas com a espada na mão indica a espada da Verdade. "Não pense que vim trazer paz à terra; não vim para trazer a paz e sim a espada." (MATEUS, 10:34)

A verdade surge em sua mente para dividi-la e separar os detritos das verdades de Deus. A verdade o separa das falsas convicções raciais, dirimindo assim todas as divergências e instalando a paz em seu coração. O rei de copas penetrou seu coração (subconsciente) com as verdades eternas. As três espadas empunhadas pelos reis de paus, espadas e copas possuem bainhas que representam a tocha da verdade, erguida em todas as fases de nossa vida, mental, emocional e física.

O naipe de paus representa seus pensamentos e ideias; o de copas, o seu sentimento ou natureza emocional; o de espadas, a convicção profunda com que você planta ideias no subconsciente; o de ouros, o mundo, a consumação exterior de seus pensamentos, sentimentos e convicções. Em outras palavras, você tem a história da oração descrita de muitas maneiras num baralho. Examinando as quatro damas em seu baralho, vai notar que elas seguram uma flor, o símbolo de pureza, amor, beleza, ordem, simetria e proporção. Copas é o cálice do amor e da beleza de Deus. Lembra-nos de que devemos encher nossos corações com o amor de Deus, e as flores da beleza, paz, alegria e felicidade aparecerão na Terra — nosso mundo.

A dama de espadas (o sentimento dominante no subconsciente) empunha uma tocha. É a luz que ilumina cada homem que vem ao mundo. Lembra que a inteligência infinita de Deus está nas profundezas de seu subconsciente e que com essa luz você pode andar pelas trevas. Quando os sentidos lhe dizem que alguma coisa é impossível, você vê por uma luz interior, seus olhos se fixam na solução que a sabedoria de Deus lhe trará, ao ter fé. Deixe que essa tocha brilhe eternamente em sua cabeça.

O valete de espadas empunha uma ampulheta, indicando que estamos nos deslocando através do tempo e espaço neste plano tridimensional e que qualquer ideia que você transmitir ao subconsciente vai suceder à sua maneira e no seu próprio tempo, porque seus caminhos são misteriosos. Lembre-se de que os caminhos do subconsciente não são os seus caminhos e que você não sabe a hora ou o dia — isso é um segredo do subconsciente. A pena que o valete de copas segura e o machado por trás de sua cabeça falam simbolicamente da lei e do verbo — a pena é o seu conceito ou ideia, e a lei o executa. Cuide para que o seu objetivo se conforme ao bem geral e não prejudique ninguém. Quando estiver em dificuldade, pense em Deus e em Sua resposta. Somente Ele conhece a resposta — é a "pena" que o salva.

As vestimentas das figuras são lindas e elegantes, indicando as sete cores do espectro solar. O branco é a pureza, plenitude e perfeição de

Deus. O branco é chamado de mãe de todas as cores. As cores nas cartas nos falam da presença imaculada interior. O vermelho indica desejo purificado e divindade. O escarlate representa o entusiasmo e a absorção de Deus. A púrpura indica a realeza ou a sabedoria de Deus reinando suprema em nossa mente. O verde é a abundância de Deus, as ideias e os pensamentos proveitosos. O azul indica o subconsciente ou a lei de Deus. O amarelo indica o poder, a força e a glória do infinito.

Números de cartas em cada naipe

Há treze cartas em cada naipe para nos lembrar nossos doze poderes, doze faculdades. Você e seus doze poderes estão simbolizados pelo número treze. Devemos todos desenvolver e disciplinar esses doze poderes, a fim de que um homem à imagem e semelhança de Deus surja na Terra, destampando os ouvidos dos surdos, abrindo os olhos dos cegos e fazendo todas as coisas que um filho de Deus deve fazer.

Há quarenta cartas numeradas. Noé passou quarenta dias na arca, Jesus jejuou por quarenta dias — todas essas histórias são simbólicas do jejum do banquete envenenado dos pensamentos raciais, falsos conceitos e da absorção mental do bem que queremos realizado. O prazo que você leva para se desligar de seu problema e alcançar uma convicção na mente é chamado de quarenta dias ou conclusão de um ciclo da consciência; jejue dos pensamentos de pobreza e se banqueteie com a abundância de Deus — rejeite a aparência das coisas, os veredictos ou opiniões dos outros, concentre toda a sua atenção na ideia da opulência de Deus. Gradativamente, você qualifica sua consciência, quer leve uma hora, uma semana ou um mês. Mais cedo ou mais tarde, conseguirá impregnar o subconsciente com a ideia de riqueza. Jejue por quarenta dias e experimentará a riqueza de Deus em seu mundo.

As varetas seguradas pelo valete de paus e pelo valete de ouros indicam uma medida ou côvado. O homem é mente ou medidor. Você deve medir e apropriar em sua mente a bondade infinita e o amor de Deus, pois seu conceito de Deus é o conceito de si mesmo. Acalente seu ideal, ame-o, torne-o vivo; terá então um padrão espiritual para medir todas as coisas.

Gostaria de falar sobre a folha pendente no valete de paus. O naipe de paus representa as ideias, os planos e os propósitos em sua mente, o diagrama ou planta. Vai notar como o valete de paus se inclina. Trata-se de humildade, conferindo toda honra e glória a Deus. Nossa atitude deve ser a seguinte: "Pai, eu agradeço porque me ouviu; sabia que sempre me ouviria." (JOÃO, 11:41)

De um modo geral, todos concordam que os valores numéricos, quantidades matemáticas, cores e simbolismos das cartas possuem uma relação muito grande com a pirâmide. Os antigos místicos que criaram as cartas, há milhares de anos, sabiam de tudo a respeito da rotação da Terra sobre o seu eixo e foram capazes de medir o céu e a Terra, o que está representado nas cartas e na pirâmide. Homens como Jó perceberam intuitivamente as leis escritas em nossos corações e gravadas em nosso interior. "Onde você estava quando eu lançava os fundamentos da Terra? Responda, se tem entendimento. Quem deu as medidas, se por acaso sabe? Ou quem estendeu a linha por cima? Em que se apoiam os fundamentos? E quem fixou a pedra angular?" (JÓ, 38:4-6)

Por que isso aconteceu comigo?

*Não se lembre das coisas passadas
nem considere as antigas.*

ISAÍAS, 43:18

*...Mas uma coisa eu faço, esquecendo as coisas
que estão para trás e avançando para o que está
à frente, prosseguindo para o meu objetivo...*

FILIPENSES, 3:13-14

O que um homem *semeia haverá de colher*. Isso significa que se plantarmos pensamentos de paz, harmonia, saúde e prosperidade colheremos de acordo; e se semearmos pensamentos de doença, carência, necessidade e privação, também colheremos essas coisas. Devemos lembrar que o subconsciente é como o solo; faz crescer e germinar o tipo de semente que plantamos no jardim da mente. Semeamos pensamentos, em termos bíblicos, quando acreditamos neles piamente; e manifestamos tudo aquilo em que realmente cremos no fundo de nossos corações.

Eu tinha uma amiga que estava de cama, doente. Fui visitá-la num hospital em Londres e ela me disse:

— Por que isso aconteceu comigo? O que fiz para merecer uma coisa assim? Por que Deus está zangado comigo? Por que está me punindo?

Os amigos comuns me contaram que ela era generosa e profundamente espiritual, um dos esteios da igreja e muitas outras coisas.

É verdade que ela era uma excelente pessoa, sob muitos aspectos, mas acreditava na realidade de sua doença e de que se tratava de um problema incurável. Estava convencida de que seu coração era governado por leis próprias, independente de seu pensamento. Era a sua convicção e naturalmente a demonstrava. Mas mudou a sua convicção e começou a compreender que o corpo era espiritual; ao mudar a mente, também mudava o corpo. Cessou de conferir poder à doença em seu pensamento e passou a orar da seguinte maneira: "A presença curativa infinita flui por mim como harmonia, saúde, paz, plenitude e perfeição. O amor curativo de Deus habita cada célula do meu ser." Repetiu a oração com frequência e teve uma cura maravilhosa, em decorrência da mudança de convicção. Essa mulher viveu por vários anos no temor de um ataque cardíaco, sem compreender que o medo faz com que a maioria das coisas aconteça.

A lei da vida é a lei da convicção. Um problema de qualquer espécie é o sinal de alarme da natureza de que estamos pensando de maneira errada; e somente uma mudança no pensamento pode nos libertar. O homem é convicção expressa (Quimby) e manifestamos as coisas em que realmente acreditamos. Há uma lei de causa e efeito atuando em todos os momentos. Nada acontece ao homem sem o seu consentimento e participação mental. Você não precisa pensar num acidente para que lhe aconteça.

O Dr. Paul Tournier, famoso psiquiatra francês, escreveu sobre um homem que cortou a mão com uma serra e atribuiu o suposto acidente ao fato da madeira estar molhada. O Dr. Tournier sabia que havia uma causa mental e emocional por trás do grave ferimento na mão do homem. Descobriu que ele andava irritado com o patrão. Além disso, sentia considerável rancor e hostilidade contra um patrão anterior, que o despedira. O Dr. Tournier explicou ao homem que a irritação e a perturbação emocional fazem com que os movimentos se tornem descoordenados e bruscos, o que acarretara o acidente.

Lemos o seguinte no capítulo 13 de Lucas: *Naquela mesma ocasião alguns homens procuraram Jesus e falaram dos galileus, cujo sangue Pilatos misturara com os seus sacrifícios. E Jesus lhes disse: Devemos pensar que esses galileus eram mais pecadores do que todos os outros galileus porque padeceram tais sofrimentos? Não eram e eu lhes garanto: se não se arrependerem, todos acabarão perecendo da mesma forma. Ou aqueles dezoito que morreram quando a torre de Siloé desabou eram por acaso mais pecadores do que todos os outros habitantes de Jerusalém? Não eram e eu lhes garanto: se não se arrependerem, todos acabarão perecendo da mesma forma.*

Jesus negou categoricamente que as vítimas de tais calamidades fossem pecadores piores do que os outros homens e acrescentou: *Se não se arrependerem, todos acabarão perecendo da mesma forma.* Infortúnios, acidentes e tragédias de todos os tipos são consequências de distúrbios mentais e emocionais que se manifestaram. Arrependimento significa pensar de maneira diferente, voltar a Deus e alinhar os seus pensamentos e imagens mentais com a vida infinita, o amor, a verdade e a beleza de Deus. Quando isso acontece, passamos a ser canais para o divino.

Relaxe a mente várias vezes por dia e afirme, devagar, com absoluta convicção: "Deus flui por mim como harmonia, saúde, paz, alegria, plenitude e perfeição. Deus caminha e fala em mim. O encantamento de Deus me envolve sempre e a sabedoria de Deus me guia em todos os caminhos; a ação divina certa sempre prevalece. Todos os meus caminhos; são aprazíveis, todas as minhas trilhas são de paz."

À medida que você se fixa nessas verdades eternas, estabelece padrões de ordem divina em seu subconsciente. Como tudo o que você imprime no subconsciente se manifesta, estará velado em todos os momentos por uma presença suprema, o seu Pai celestial, que responde sempre que é chamado.

Todos estamos imersos na mente racial, o grande mar psíquico da vida. A mente racial acredita em doença, acidente, morte, infortúnios e tragédias de todos os tipos. Se não nos arrependermos, isto é, se não tivermos o nosso próprio pensamento, a mente racial assumirá o nosso pensamento. Gradativamente, os pensamentos da mente racial, dominando o nosso consciente, podem alcançar um grau de saturação e precipitar um acidente, uma doença súbita ou uma calamidade. A maioria das pessoas não pensa, apenas pensa que pensa. Você está pensando quando diferencia o que é falso do que é verdadeiro. Pensar é optar. Você possui a capacidade de dizer sim ou não. Diga *sim* à verdade, rejeite tudo o que for contrário a Deus ou à verdade. Se o instrumento mental não pudesse optar, você não seria um indivíduo. Possui a capacidade de aceitar e rejeitar. *Pense em todas as coisas belas, em todas as coisas justas, em todas as coisas honestas, em todas as coisas puras... pense nessas coisas.*

Você está pensando quando sabe que existe uma inteligência infinita que responde a seus pensamentos. Não importa qual seja o problema, à medida que você pensa numa solução divina e num final feliz, descobrirá uma sabedoria subjetiva interior a responder, revelando o plano perfeito e indicando o caminho que deve seguir.

Fui procurado por uma mulher há vários meses. Ela me disse que tinha uma lesão orgânica havia muitos anos, e não conseguia a cura. Já fizera os mais diversos tratamentos, inclusive de irradiação. Orara e procurara a terapia da oração de outros, sem resultados. Ela me declarou:

— É a vontade de Deus. Sou uma pecadora, estou sendo punida.

Também me contou que procurara um homem que a hipnotizara, descobrira o seu passado e tivera a desfaçatez e audácia de dizer-lhe que era uma vítima do carma, que fizera mal a outras pessoas numa vida anterior, punindo-as injustamente, por isso estava agora sofrendo. E ela me perguntou, desesperada:

— Acha que é por isso que não fico curada?

Tudo isso não tem o menor sentido, é um absurdo monstruoso. A explicação do homem aumentou ainda mais a angústia da mulher, não lhe trazendo cura ou conforto. Expliquei-lhe a verdade eterna, que só existe um poder e se chama Deus. É a inteligência criativa em todos nós, o que nos criou. Este poder torna-se aquilo que acreditamos que é. Se uma pessoa pensa que Deus a está punindo e que deve sofrer, *de acordo com o seu pensamento e convicção, assim será*. Isso significa que os pensamentos e sentimentos da pessoa criam o seu destino. O homem é o que ele pensa durante o dia inteiro. Se um homem deixa de pensar de maneira construtiva, sensata e criteriosa, então outra pessoa ou a mente racial pensará por ele, talvez tumultuando completamente a sua vida.

Se você acredita que Deus é a bondade infinita, amor ilimitado, harmonia absoluta e sabedoria total, a presença de Deus reagirá de acordo, pela lei do relacionamento recíproco. Você se descobrirá, assim, abençoado de incontáveis maneiras. As forças da vida não são nefastas; tudo depende da maneira como as usamos. A energia atômica não é nociva; torna-se boa ou má de acordo com a maneira como a usamos. O homem pode usar a eletricidade para matar alguém ou para aspirar o pó do assoalho. Você pode usar a água para saciar a sede de uma criança ou afogá-la. O vento que sopra o navio para os rochedos também pode levá-lo são e salvo ao porto. Os usos de todas as coisas do mundo são determinados pelos pensamentos do homem. É a mente do homem que decide o aproveitamento das forças do mundo. O bem e o mal são movimentos na mente do homem, relativos ao poder único, que é puro e perfeito. A força criativa está no homem. Não há poder no universo exterior, exceto o que lhe conferimos. A mulher a que me referi procurava justificativas e álibis para seu sofrimento. Procurava no mundo exterior, em vez de compreender que a causa estava e está sempre em seu subconsciente.

Pedi-lhe que me descrevesse o seu relacionamento com os homens. Ela confessou que tivera uma ligação amorosa ilícita havia cinco anos, sentira-se culpada e cheia de remorso. Este remorso insolúvel era o ferimento psíquico por trás de sua lesão orgânica. A mulher compreendeu que Deus não a estava punindo, era ela mesma quem se punia, por seus pensamentos. A lesão era o pensamento consolidado que não conseguia eliminar. A vida ou Deus não pune. Se você queima o dedo, a vida trata de reduzir o edema, providencia uma pele nova e restaura a plenitude. Se você come algum alimento estragado, a vida faz com que vomite e procura devolver-lhe a saúde perfeita. Os antigos diziam que o médico cobre a ferida e Deus a cura.

Em menos de uma semana desapareceram a lesão e os sintomas mórbidos que nenhum tratamento médico ou terapia de oração conseguia curar. Não há pior sofrimento do que uma consciência culpada, não pode haver nada mais destrutivo. Essa mulher passara cinco anos se punindo com seu pensamento destrutivo. A lesão rapidamente sumiu quando ela parou de se condenar e passou a proclamar que a presença curativa infinita saturava todo o seu ser e que a presença de Deus habitava em cada célula de seu corpo. Se você usasse de maneira errada o princípio da eletricidade ou da química, por cinquenta anos, passando a usá-lo subitamente de modo correto, não diria que o referido princípio tinha um ressentimento contra você por causa disso. Da mesma forma, não importa por quanto tempo você tenha usado de modo errôneo a mente, de maneira negativa ou destrutiva; no momento em que passar a usá-la de modo correto, os resultados se seguirão. *Não se lembre das coisas passadas nem leve em consideração as antigas.* (ISAÍAS, 43:18)

Um homem procurou-me há alguns meses. Estava perdendo a visão gradativamente. Atribuía à falta de vitaminas, a fatores hereditários. Ressaltou que o avô ficara cego aos 80 anos. Ele pertencia a um culto estranho, cujo líder, depois de ler seu horóscopo, disse que os planetas se encontravam em configuração maléfica, sendo esta a causa de sua visão precária. Sabe-se hoje nos círculos que estudam os problemas psicossomáticos que os fatores psíquicos exercem enorme influência em todas as doenças. A miopia pode ser acarretada pelo funcionamento da mente. O tratamento dos fatores mentais e emocionais do indivíduo, em vez do olho, pode revelar o fator emocional básico, o motivo pelo qual o subconsciente está escolhendo uma aflição que tende a excluir tudo, exceto o que está imediatamente ao redor.

O Dr. Francis Dunbar declarou que determinadas reações emocionais podem fazer com que os músculos involuntários acarretem uma distorção do globo ocular. O homem me revelou, em conversa, que detestava a visão da sogra, que estava morando em sua casa. Sentia uma raiva reprimida. O sistema emocional não podia mais suportar a tensão, escolhendo os olhos como bode expiatório. A explicação foi a cura, nesse caso. Ficou surpreso ao saber que as emoções negativas, se persistentes, dominam o subconsciente; e sendo negativas precisam encontrar uma vazão negativa. As ordens negativas para o subconsciente, "Detesto a visão da minha sogra", "Não quero mais vê-la", foram aceitas como um pedido e se tornaram manifestas.

Ele providenciou para que a sogra fosse morar em outro lugar e orou por ela, encaminhando-a a Deus e lhe desejando todas as bênçãos do mundo. Sua visão começou a melhorar quase que imediatamente e duas semanas depois voltara ao normal. Ele sabia que perdoara a sogra, pois podia encontrá-la em sua mente e não experimentava mais qualquer desespero. Tentara justificar a vista em deterioração em termos de causas externas, em vez de em sua própria mente.

Uma deficiência de vitamina A pode causar a oftalmia, que é uma inflamação da conjuntiva ou do globo ocular. Mas isso pode acontecer em decorrência da ignorância, indiferença ou negligência da pessoa. A causa, nesse caso, seria a negligência e posteriormente um estado mental ou simplesmente uma carência de conhecimento. A vitamina A é onipresente e devemos ter inteligência para usá-la.

Você não pode se esquivar ou contornar a lei da mente. Tudo acontece conforme você acredita, e uma convicção é um pensamento na mente. Nenhum poder exterior ou entidade maléfica está tentando atraí-lo ou prejudicá-lo. As pessoas constantemente atribuem seus males ao clima, a entidades maléficas, germes, vírus e dietas. O homem polui o ar com estranhas noções e falsas doutrinas. Se um homem acredita que a proximidade de um ventilador elétrico o deixará resfriado ou com torcicolo, esta convicção, quando aceita, passa a dominá-lo e logo se manifesta. É por isso que a Bíblia diz: *De acordo com a sua fé, assim lhe sucede.* O ventilador não tem o poder de deixá-lo com um torcicolo; é inofensivo. Sua fé pode ser usada de duas maneiras. Você pode ter fé num vírus invisível que provoca um resfriado ou pode ter fé no espírito invisível interior, fluindo por você como harmonia, saúde e paz.

Compreenda que Deus não pode ficar doente, e o espírito em você é Deus; o que é verdade para Deus também é verdade para você. Acredite nisso e jamais ficará doente, pois *de acordo com a sua fé* (na saúde e felicidade), *assim lhe sucede.* Emerson escreveu: "Ele (o homem) pensa que seu destino é estranho, pois a união está oculta. Mas a alma contém o evento que ocorrerá. Afinal, o evento é apenas a concretização dos pensamentos e aquilo por que oramos sempre nos é concedido. O evento é a impressão de sua forma. Ajusta-se a você como a pele." Este trecho consta do livro *Destino*, de Ralph Waldo Emerson.

O demônio na Bíblia significa ignorância ou incompreensão. Seu mal é uma inversão do princípio da vida, que é Deus. Deus atua em nós como uma unidade e procura se expressar por intermédio de cada pessoa como beleza, amor, alegria, paz e ordem divina. A falsa ideia em sua mente é chamada de adversário, demônio, Satã e assim por diante. Os demônios que atormentam o homem são inimizade, discórdia, ódio, vingança, hostilidade, autocondenação e outras emoções negativas. Se o homem deixa de acreditar na bondade de Deus e num Deus de amor, a extensão em que pensa assim pode muito bem ser o seu chamado demônio, a fonte de suas angústias, seus sofrimentos e infortúnios.

Recebi uma carta de uma mulher contando que sua filha assistia a uma briga numa rua de Nova York quando foi atingida por uma bala extraviada. Houve necessidade de amputar dois dedos. Qual era a causa desse infortúnio? Seria a vontade de Deus? A ocorrência do acidente seria uma punição por seus pecados? A resposta se encontra na negativa a todas essas perguntas da mãe. Deus não julga nem pune; o bem e o mal são os movimentos da própria mente do homem. É um pensamento muito primitivo acreditar que Deus está nos punindo ou que um demônio nos tenta. Nosso estado de consciência está sempre se tornando manifesto. Homens, mulheres e crianças testemunham constantemente o nosso estado de consciência. E justamente esse estado de consciência é sempre a causa.

Não conhecemos o que está dentro da mente da moça. Se ela era cheia de ódio, ressentida, hostil, sempre se condenando, poderia atrair o infortúnio. Devemos lembrar que a maioria das pessoas não disciplina, não controla ou não orienta seu pensamento e suas imagens mentais por canais divinos. O fracasso em pensar de maneira construtiva e harmoniosa, do ponto de vista do poder infinito, significa que deixam as mentes abertas à mente de massa irracional, sempre dominada por medos, ódios, invejas e todos os tipos de formulações negativas.

O fracasso do homem em pensar do modo certo é tão ruim quanto pensar negativa e destrutivamente. Lembro-me de um evento em minha infância na Irlanda. Um camponês esperou por trás de uma cerca todos os dias, durante mais de uma semana, a fim de atirar no proprietário das terras quando ele passasse. Um dia, quando se encaminhava para a cerca, tropeçou e caiu. O rifle disparou e ele foi atingido fatalmente. Não compreendi o motivo para isso na ocasião. Como os outros, pensei que fora simplesmente um acidente. Não há acidentes; há uma mente, um ânimo, um sentimento por trás daquele carro, trem ou bicicleta, por trás também daquela arma. Aquele camponês manteve o assassinato em seu coração por um longo tempo e o subconsciente reagiu de acordo.

Nenhuma manifestação me ocorre, exceto a que eu, o Pai, projeto. O pai é o seu estado de consciência, seu próprio poder criativo. Nenhuma experiência lhe ocorre se não houver antes uma afinidade em sua mente. Duas coisas antagônicas se repelem. Se você caminha e fala com Deus, se acredita que Deus o guia e que a lei da harmonia está sempre o governando, então não pode estar num trem que se acidenta, porque a discórdia e a harmonia não convivem de jeito nenhum. A mãe acrescentou em sua carta, como um *postscriptum*: "Minha filha não pode recuperar os dedos através da harmonia." Não entendo por que as pessoas são tão incisivas e categóricas em suas declarações de que um homem não pode fazer crescer uma perna ou um dedo que está faltando.

Quero citar um trecho do livro *Ele cura hoje*, de Elsie Salmon: "Mildred tinha três anos quando me foi trazida. Nascera sem a mão esquerda. O braço terminava numa ponta que não era maior do que um dedo indicador, bem acima do pulso. Um mês depois a ponta na extremidade do braço deformado dobrara de tamanho. Ao constatar esse desenvolvimento extraordinário, o pai comentou: 'Tudo pode acontecer.' No mês seguinte havia uma formação que parecia com um polegar. Na ocasião, julgamos que era de fato um polegar. Cerca de três meses mais tarde descobrimos que não era absolutamente um polegar. O crescimento na extremidade do braço era a mão inteira, desabrochando como uma flor, diante de nossos olhos."

Ela conclui com a declaração de que os céticos estão agora aceitando como um fato incontestável. Talvez devêssemos extrair uma lição do rinoceronte. Quando se retiram os seus chifres e se cortam as raízes, o rinoceronte desenvolve novos chifres. Corte as pernas de um caranguejo e novas pernas logo crescem. Se um homem acreditasse que pode desenvolver um novo dedo, perna ou qualquer outro órgão, poderia perfeitamente experimentar a sua convicção.

Vamos deixar de culpar os outros e procurar dentro de nós mesmos as causas para tudo. Acredite em Deus, acredite na bondade de Deus. Descobrirá assim que todos os seus caminhos são aprazíveis e todas as suas trilhas serão de paz. Você é a convicção manifesta.

Venenos mentais e seus antídotos

Há venenos mentais, assim como físicos. Os venenos mentais são os pensamentos errados que operam clandestinamente na consciência, como um regato contaminado, para emergir anos depois em experiências erradas (doença, perda, infelicidade etc.).

Li há algum tempo o relato de uma experiência científica realizada na Rússia. Seis gatos hipnotizados e condicionados receberam uma dose de cianureto de potássio, sem efeitos fatais. Outros seis gatos, descondicionados, tomaram a mesma dose e morreram. Se tivéssemos fé bastante no poder subjetivo de Deus dentro de nós, poderíamos anular todos os venenos mortais, mentais ou de outro tipo.

O que é a profilaxia? O primeiro passo é não ter medo do câncer, tuberculose, artritismo ou distúrbio mental, a partir deste momento. O segundo passo é compreender que o estado é consequência do falso pensamento e não lhe conceder mais poder para continuar a existir; você estará então exaltando Deus dentro de si. Isso acabará com toda a toxicidade em você ou na pessoa por quem está orando.

Proclame que o estado é "falso" e exalte Deus ao contemplar a solução perfeita, a beleza e a integridade manifestando-se no lugar do problema.

Entre os venenos mentais mais letais, estão os seguintes: medo, ódio, autocompaixão, ressentimento, inveja, vingança, solidão, melancolia etc. Todos são ramificações do medo. O nome bíblico para o medo é um pensamento cego e falso chamado Golias. A palavra *Golias* significa um pensamento agressivo e dominador, que ostenta o seu poder, intimida, pressiona, assusta e induz você à submissão. Talvez você tenha medo de enfrentar esse criminoso em sua mente. Talvez receie os resultados e hesite em enfrentar abertamente essa ameaça sinistra e destruí-la.

É necessário assumir o papel de Davi para se livrar do criminoso chamado medo. *Davi* significa um homem que ama Deus, que sabe que só existe um único poder soberano, que é uma unidade e não conhece divisões ou discórdias, cujo nome é amor. Davi, que é a consciência da presença e poder de Deus, matou o gigante filisteu chamado Golias (ou medo) com uma pedra lançada de seu estilingue de pastor. O medo é uma sombra na mente, mantida pela ignorância e escuridão. Quando você analisa seu medo à luz da razão e da inteligência, descobre que ele não resiste e prontamente desaparece. Entre a prole do medo podemos destacar:

1. O ódio, que é na verdade o amor invertido ou mal orientado, baseado na ignorância.

2. A autocompaixão, que é na verdade o egocentrismo. Este veneno mental infiltra-se pela corrente sanguínea psíquica, contaminando as fontes da esperança e fé, provocando a demência precoce, a melancolia e outros problemas. O antídoto é encontrar o seu outro eu (Deus) e tornar-se intoxicado pela realização do amor a Deus. O senso de união com o único poder acarretará um novo nascimento, de paz, saúde, confiança e força.

3. O medo da velhice é outro veneno mental. A velhice não é a fuga dos anos, mas sim o amanhecer da sabedoria, da verdade e da beleza.

4. A solidão é uma falta de amor. O que não tem amor sempre procura o amor, mas aquele que ama encontra o amor

e a amizade por toda parte. O antídoto é se apaixonar pelos companheiros de Deus em sua mente. Seus nomes são boa vontade, bondade, gentileza, paz, paciência, compreensão e interesse sincero pelos outros. Irradie o amor de Deus — uma porção dupla do Espírito — sobre todos os que estão ao seu redor; estará imediatamente banindo a solidão. Deus também lhe concederá uma dupla recompensa e sua boa vontade se multiplicará.

O estado mental é o seu mestre. É um absurdo permitir que o medo cego, ignorante, estúpido e monstruoso o domine e oriente as suas atividades. Considere-se bastante inteligente para permitir que isso aconteça. Por que não se tornar Davi? Assuma o papel. Pode estar certo de que lhe dará dividendos fabulosos. Davi significa que sua fé em Deus é maior do que o medo. O medo é a fé pelo avesso. O medo é um conglomerado de sombras escuras e sinistras em sua mente. Em suma, o medo é a fé na coisa errada. Torne-se um gigante espiritual, convoque o Davi (que é a confiança em Deus) que se encontra em você. Ao mesmo tempo, convoque o amor de Deus.

Os filhos da fé em Deus são amor, paz, gentileza, bondade, generosidade, alegria, equilíbrio, tranquilidade e serenidade. Quando você compreende que só existe um poder, uma causa, o Criador, você lhe concede toda fidelidade, devoção e lealdade. Torna-se então Davi, amado de Deus. Davi (a consciência espiritual) não tinha armadura ou proteção material como se usava naquele tempo. Seu poder era a confiança no Deus dos seus pais, a certeza de que a inteligência infinita conhecia a resposta para qualquer problema.

Quando você proclama a orientação de Deus, sempre percebe os pontos fracos na armadura de Golias ou na pessoa que o ameaça com terríveis desastres. Na verdade, porém, nunca é a pessoa que possui o poder para qualquer coisa, mas sim o pensamento em sua própria mente. Os inimigos são da sua própria casa (mente). *E Davi enfiou a mão em sua bolsa e de lá tirou uma pedra, arremessando-a e acertando o filisteu na testa. A pedra penetrou pela carne e o filisteu tombou.* (I SAMUEL, 17:49)

A pedra é a sua convicção no único Deus, no único poder. Uma pedra é dura e impenetrável, o que significa que sua fé ou confiança no poder espiritual é inflexível. Em outras palavras, você se mantém imperturbável e irredutível em sua atitude, confia absolutamente em Deus. Com essa pedra ou convicção mental, espatifa a testa do gigante chamado medo (ou Golias). O medo tem a propensão a se gabar, e nisso reside a sua fraqueza. Davi (amor à verdade) partiu com uma ideia: demonstrar a supremacia do poder de Deus. Quando você se adiantar com a certeza de que "um com Deus é maioria", vai se descobrir guiado por todos os caminhos e se tornará o inevitável vencedor.

Não combata o medo com o medo; em vez disso, enfrente-o com uma declaração direta da presença e do poder de Deus, o que torna o medo impotente. Diga a si mesmo: "O Senhor é minha luz e salvação; de quem terei medo? O Senhor é a força da minha vida; de quem terei medo?" (SALMO 27:1-2). Você tem medo de alguma doença que o invadiu? Perceberá que um pensamento errôneo em sua mente pode se gabar de sua pseudoforça, intimidando-o. Não permita que esses pensamentos o dominem. Enfrente-os e subjugue-os agora. Compreenda que toda discórdia é fabricada por sua própria mente; não é uma coisa que vem de fora. Você pode mudar sua mente ao compreender que a presença curativa infinita que fez seu corpo o está curando agora. À medida que o fizer, conscientemente, estará promovendo uma reformulação dos padrões de pensamento no subconsciente; a cura será a consequência. Sua convicção mental atual determina o seu futuro e experiência.

Medite e ore sobre valores positivos e espirituais. Proclame o seu ideal, solução, saúde ou paz de espírito sobre a base de que o espírito interior é supremo e onipotente. Ao pensar na solução ou ideal com fé e confiança, você estará condicionando sua mente a responder. Sua mente está cheia de confiança ou medo, de acordo com o que você lhe incutiu. Torne-se Davi, o pastor de rosto corado, partilhando e se apropriando de sua divindade agora. Tenha a percepção de perseverar e saiba que encontrará na jornada da vida apenas as experiências que enviou à sua frente, consciente e inconscientemente. Envie Deus e Seu amor à frente; isso significa um ânimo de fé e confiança num poder todo-poderoso que nunca falha. À medida que assim fizer, estará sendo Davi, a avançar com a armadura de Deus, conquistando liberdade, paz de espírito e felicidade.

A história em Samuel relata que Davi cortou a cabeça de Golias. É o que o homem espiritual deve fazer com todo erro, falsa crença e superstição em sua mente; deve consumir todos os pensamentos negativos com o fogo do amor divino e do pensamento certo. Golias ou medo é a fé num falso deus. Você é Davi, convenientemente equipado, quando compreende que tem fé no único e verdadeiro Deus — o único poder e presença.

Conversei recentemente com um casal que estava convencido de que perderia tudo numa ação judicial que se arrastava havia cinco anos. Estavam pessimistas. Parecia que a outra parte mentia incessantemente. O advogado lhes dissera que não tinham a menor chance e os dois estavam hipnotizados por essa sugestão. Expliquei que a declaração ou sugestão do advogado não tinha qualquer poder e que suas palavras não podiam fazer com que se concretizasse. Eles compreenderam que o único poder da sugestão do advogado estava em sua aceitação mental. Haviam aceitado a sugestão e reagido de acordo. Mas todo o processo ocorria apenas em suas mentes. Permitiram que o advogado sugerisse a perda de sua tranquilidade. Durante todo o tempo, o poder estava em seus próprios pensamentos. Eles oraram da seguinte maneira: "Deus é absoluta harmonia e absoluta justiça; portanto, o resultado é justiça, harmonia e satisfação para todos." Como se vê, uma oração muito simples. A premissa era verdadeira; assim, a conclusão tinha de ser verdadeira. Se um homem começa com Deus, sempre termina como Deus. O fruto está na semente. Havia uma solução harmoniosa e perfeita para o processo judicial, que foi definida fora do tribunal.

Deus nunca tarda; o segredo está em permanecer leal e fiel ao que você sabe ser a verdade de Deus. Não hesite em desembainhar a espada da verdade, como Davi. Arme-se com a compreensão espiritual da lei divina e das verdades eternas. Destrua implacável e sem compaixão todos os padrões de pensamentos negativos em sua mente, ordene que desapareçam, de uma maneira vigorosa e dinâmica, deixe entrar a luz, o amor e a verdade de Deus. Sua consciência espiritual age como uma espada, que o corta completamente da antiga maneira de pensar, da convicção racial, de outros poderes, entidades maléficas e suposições opostas ao poder supremo do amor.

Uma mulher me disse na semana passada:

— Estou tão furiosa que poderia até matar May!

Parece que May espalhara mentiras a seu respeito e tentara prejudicá-la no emprego. A mulher permitiu que May a transtornasse; em outras palavras, concedeu-lhe um poder que May não possuía. O problema estava em seu próprio pensamento. May não era responsável pelo conceito que tinha a seu respeito. Compreendeu subitamente que todo o poder estava em suas imagens mentais e padrões de pensamento. Permitira que Golias (medo) dominasse a sua mente, intimidando-a e assustando-a. O processo inteiro era de sua criação. A mulher tinha bom senso e começou a enfrentar os vírus do medo, do ódio e do ressentimento em sua mente, expulsando esses venenos mentais e neutralizando os efeitos tóxicos com o pensamento e o sentimento certos. Instalou Deus no trono de sua mente, dizendo a si mesma: "Não temerei o mal, pois Deus está comigo." (SALMO 23:4)

Não pode haver mal onde Deus existe. Ela saturou a mente com a verdade simples: "Deus é, Sua presença enche a minha alma e governa a minha vida." Todo o ressentimento se desvaneceu. Ela se recusou absolutamente a permitir que alguma outra mulher lhe provocasse enxaqueca, indigestão, insônia ou nervosismo. Ninguém possui esse poder. O poder se encontra em seu próprio pensamento. Você é o único que pode determinar o rumo de seu pensamento. O bem e o mal são movimentos de nossa mente. Não permita que os ladrões do medo, do ressentimento e da inadequação o restrinjam e limitem, o prendam aos grilhões da escravidão. O mundo que vemos é na verdade o mundo que somos. Contemplamos as imagens mentais e as convicções de nosso subconsciente. Colorimos tudo por nosso condicionamento interior. O homem projeta seus sentimentos, seus preconceitos e suas hostilidades sobre as outras pessoas e forma uma imagem distorcida de tudo.

Defina o seu objetivo agora. Para onde vai? Qual é o seu objetivo? Tenha um plano ou propósito definido; depois, proclame que Deus está agindo por sua conta. Sempre que qualquer sugestão negativa conteste o objetivo em sua mente, corte-lhe a cabeça, de maneira decidida, com a espada espiritual da razão, que lhe diz que só existe um poder espiritual e que o Deus que lhe deu o desejo é o mesmo Deus que vai realizá-lo. É fácil, pois o "Pai interior tudo faz". Ninguém possui o poder de transtorná-lo ou acabar com sua fé e confiança n'Aquele que É. Levante a cabeça! Fixe a vista no objetivo, no cume que deseja alcançar. Assim, acabará chegando ao lugar em que está a sua visão.

Torne-se Davi ao se apaixonar pelas verdades de Deus e confie absolutamente na sabedoria infinita, que sempre lhe trará a solução. Saiba que Deus agindo em você lhe proporciona beleza, paz, lugar certo divino e harmonia. Davi era o filho de Jessé, que significa o filho de Eu Sou ou Deus. Portanto, você é o filho do infinito e da eternidade. Chegue perto de Seu Pai. Ele o ama, cuida de você! À medida que se virar para Ele, também Ele se virará para você. O amanhecer surge então e todas as sombras se dissipam.

As maravilhas do discurso interior

Que as palavras de meus lábios e a meditação
de meu coração sejam agradáveis em sua presença,
Ó SENHOR, minha força e meu redentor.

SALMO 19:14

Ocorrerão maravilhas em sua vida quando seu pensamento e sentimento interior concordarem com as palavras de sua boca. Eu gostaria de contar um caso a propósito. Um homem estava envolvido numa ação judicial prolongada, que já lhe custara muito tempo, despesas e outras dificuldades. Sentia-se irritado, amargurado e hostil, contra a outra parte e contra seus próprios advogados. Seu discurso interior, que representa os seus pensamentos íntimos, silenciosos e não expressos, era mais ou menos o seguinte: "Não há mais qualquer esperança. O processo já se arrasta há cinco anos e estou perdendo tudo. É inútil continuar. Será melhor desistir." E assim por diante. Expliquei-lhe que esse discurso interior era altamente destrutivo e certamente desempenhava um papel da maior importância no prolongamento do processo. Jó disse: *Pois a coisa que eu tanto temia me aconteceu.* (JÓ, 3:25)

Ele mudou completamente o discurso interior e o exterior ao compreender o que vinha fazendo a si mesmo. Na verdade, orava contra si mesmo. Fiz-lhe uma única pergunta:

— Qual seria a sua reação se eu lhe dissesse neste momento que se chegou a uma solução perfeita e harmoniosa e o caso foi definitivamente encerrado?

Ele concordou que daquele momento em diante cuidaria para que o seu discurso interior, como Ouspensky ressaltou, estivesse de acordo com o objetivo. Passou a aplicar regular e sistematicamente a oração seguinte, que lhe indiquei: "Dou graças pela solução perfeita e harmoniosa que me chegou através do Onisciente." Repetia-a com frequência durante o dia. Quando surgiam dificuldades, protelações ou retrocessos, quando o medo ou a dúvida o atacavam, ele proclamava silenciosamente esta verdade. Suspendeu por completo todas as declarações negativas verbais e também passou a vigiar o discurso interior, sabendo que este sempre acaba se manifestando. Expressamos o que sentimos por dentro. Podemos dizer uma coisa com a boca e sentir outra no coração; o que sentimos é o que se reproduz na tela do espaço. Nunca devemos afirmar interiormente o que não queremos experimentar exteriormente. Os lábios e o coração devem concordar; quando isso acontece, a oração é atendida.

Devemos vigiar o nosso estado psicológico interior. Algumas pessoas sentem inveja e ciúme, fervilham de raiva e hostilidade. Esta atitude mental é altamente destrutiva e provoca o caos, a doença e a carência. Você conhece a pessoa que procura se justificar, dizendo a si mesmo que tem todo o direito de estar com raiva e querer se vingar. Essa pessoa toca um velho disco do subconsciente, recitando todos os álibis, desculpas e justificativas para a sua fúria interior. É bem provável que não saiba que tal estado mental acarreta perda de energia psíquica em grande escala, deixando-a ineficiente e confusa. O discurso interior negativo do homem é geralmente dirigido contra si mesmo.

Conversei recentemente com um homem que me disse ter sido tratado de maneira injuriosa. Planejava se desforrar, estava furioso com o antigo patrão. Esse homem tinha úlcera no estômago em decorrência da irritação e do turbilhão interior. Expliquei-lhe que estava gravando impressões altamente destrutivas de raiva e ressentimento no subconsciente, que sempre expressa o que lhe é incutido. Essas emoções destrutivas precisam de vazão e, no seu caso, manifestaram-se como úlcera e neurose.

Ele inverteu seu processo mental, entregando o ex-patrão ao oceano infinito do amor de Deus e lhe desejando todas as bênçãos. Ao mesmo tempo, povoou a mente com as verdades de Deus, identificando-se com a presença curativa infinita e compreendendo que a harmonia, a paz e a perfeição do infinito saturavam a sua mente e o seu corpo, deixando-o pleno. Essas vibrações espirituais impregnando sua mente se transmitiram por todo o organismo. As células do corpo adquiriram um novo tônus espiritual e a úlcera ficou completamente curada.

A Bíblia diz: *Se dois de vocês concordarem na terra sobre qualquer coisa que pedirem, serão atendidos por meu Pai que está no céu.* Quem são os dois? Representam você e seu desejo. Se você aceita o seu desejo mentalmente, o subconsciente fará com que aconteça, porque consciente e subconsciente concordaram ou sincronizaram. Os dois que concordam representam pensamento e sentimento, ideia e emoção. Se você consegue emocionalizar o conceito, os aspectos masculino e feminino de sua mente concordaram e haverá um resultado ou prole mental, ou seja, o atendimento da oração.

Não se deve esquecer que tudo o que aceitamos ou sentimos como verdadeiro se grava no subconsciente. O subconsciente é o meio criativo; sua tendência, como Troward ressalta, é sempre para a vida. O subconsciente controla todos os seus órgãos vitais, é o centro da memória e o curador do corpo. O subconsciente é alimentado por fontes ocultas e se integra com a inteligência infinita e o poder infinito.

É muito importante dar instrução apropriada ao subconsciente. Por exemplo, se um homem se fixa nos obstáculos, protelações, dificuldades e obstruções em seu programa, o subconsciente assumirá isso como seu pedido e produzirá desapontamentos em sua experiência. É por isso que se deve alimentar o subconsciente com premissas que sejam verdadeiras.

Qual é a fala interior que ocorre em você durante todo o tempo em que não é expressa audivelmente? O subconsciente escuta e obedece à sua fala interior. Registra seu pensamento e sentimento silenciosos, como um gravador absolutamente fiel. Registra tudo e lhe toca de novo a gravação, sob a forma de experiências, condições e eventos. Você não precisa viajar psicologicamente com medo, dúvida, ansiedade e raiva. Não há lei que o obrigue a conviver com criminosos, assassinos, ladrões e intrusos em sua mente. Se você continua a convidar esses assaltantes para a sua mente, eles lhe roubam a saúde, a paz, a felicidade e a prosperidade, transformando-o num destroço físico e mental.

Uma mulher tinha a pressão muito alta, acompanhada por terríveis acessos de enxaqueca. A causa de tudo era a fala destrutiva interior. Ela achou que alguém não a tratara direito e tornou-se bastante negativa em relação à pessoa. Passou a ser hostil e antagônica em relação a ela, permitindo que essa condição persistisse por semanas, num profundo turbilhão emocional. A atitude negativa esvaiu suas forças, acarretando mudanças psicológicas na corrente sanguínea. Estava prestes, como disse, a explodir de raiva. A pressão interior, a tensão crescente e a hostilidade intensa foram a causa da hipertensão, a que se somou a enxaqueca.

Essa mulher começou a praticar as maravilhas da fala interior espiritual. Compreendeu que estivera se envenenando e que a outra mulher não era absolutamente responsável pela maneira como pensava ou sentia a seu respeito. Era a única pensadora em seu universo e acalentara pensamentos destrutivos, que estavam envenenando todo o seu organismo. Passou a compreender que ninguém poderia afetá-la, exceto o seu próprio pensamento ou movimento de sua mente. Tudo o que precisava fazer, a fim de usufruir as maravilhas da fala interior espiritual, era identificar-se com seu objetivo. Seu objetivo era paz, saúde, felicidade, alegria, serenidade e tranquilidade. Passou a se identificar com o rio da paz de Deus e o amor de Deus fluindo por ela, acalmando, curando e restaurando sua mente e seu corpo.

Durante quinze minutos, três ou quatro vezes por dia, ela orava da seguinte maneira, silenciosamente: "Deus é amor, e Seu amor povoa a minha alma. Deus é paz, e Sua paz povoa minha mente e meu corpo. Deus é saúde perfeita, e Sua saúde é minha saúde. Deus é alegria, e Sua alegria é minha alegria. Sinto-me maravilhosamente bem." Este tipo de discurso interior, que representava os seus pensamentos interiores de Deus e Suas qualidades, proporcionou-lhe total senso de equilíbrio e harmonia, na mente e no corpo. Quando pensamentos da outra mulher surgiam em sua mente, ela se identificava imediatamente com seu objetivo — a paz de Deus. Descobriu as maravilhas da fala interior em que os lábios e coração se uniam na identificação com as verdades eternas de Deus, tornando-a assim imune ao impacto de ideias e pensamentos negativos.

Como encontrar as pessoas na mente? Este é o grande teste para a verdade que liberta. Se as encontra e descobre Deus nas pessoas, isso é maravilhoso. Estará praticando as maravilhas do discurso interior de uma maneira construtiva, ao se identificar com seu objetivo, que é Deus ou o bem. Ouspensky ressaltou que seu discurso interior deve sempre estar de acordo com seu objetivo.

Um jovem tinha um objetivo — saúde perfeita. Mas o consciente lembrava-o de que estivera doente por anos, com um problema de sangue. Estava dominado pela ansiedade, pelo medo e pela dúvida. Os parentes comentavam que levaria muito tempo em tratamento e talvez nunca ficasse completamente curado. É claro que o subconsciente estava recebendo todas essas impressões negativas e por isso ele não podia alcançar a cura. O discurso interior tinha de estar de acordo com o objetivo. Em outras palavras, as duas fases de sua vida tinham de sincronizar e concordar. O jovem passou a falar de uma maneira diferente a seu subconsciente. Eu lhe disse que afirmasse, falando devagar e com absoluta convicção, várias vezes por dia, o seguinte: "A inteligência criativa fez meu corpo e está criando meu sangue agora. A presença curativa sabe como curar e está transformando cada célula de meu corpo no padrão de Deus. Ouço e vejo o médico me dizendo que estou completamente curado. Tenho agora essa imagem na mente, vejo nitidamente, escuto a sua voz. Ele me diz: 'John, você está curado. É um milagre.' Sei que essa imagem construtiva vai se gravar no subconsciente, onde será desenvolvida e consumada. Sei que meu subconsciente está em contato com o infinito, que Sua sabedoria e poder atenderão a meu pedido, apesar de todas as evidências em contrário. Sinto e acredito, estou agora me identificando com o meu objetivo — a saúde perfeita. Este é o meu discurso interior, pela manhã, à tarde e à noite."

Ele repetia essa oração durante dez a quinze minutos, quatro ou cinco vezes por dia, particularmente antes de dormir. Em decorrência do hábito, descobria a mente se descontrolando às vezes, impacientando-se, angustiando-se, preocupando-se, recordando os veredictos dos outros e os fracassos sucessivos no processo de cura. Quando esses pensamentos afloravam em sua mente, ele dava imediatamente a ordem: "Parem! Sou eu quem manda. Todos os pensamentos, imagens e respostas devem me obedecer. Daqui por diante, todos os meus pensamentos são para Deus e seu poder curativo maravilhoso. É assim que alimento o subconsciente, identificando-me constantemente com Deus. Tenho o seguinte pensamento e sentimento interior: 'Obrigado, Pai.' Faço isso cem vezes por dia ou até mesmo mil, se for necessário."

O jovem alcançou a cura em três meses. Esta é a maravilha do discurso interior, quando você fala para si mesmo como se a oração já estivesse atendida. *Creia que tem agora e receberá.* Ele obteve o que queria pela repetição, oração e meditação, levando o subconsciente a concordar com seu desejo. O poder criativo de Deus reagiu então conforme a concordância. *A fé restaurou a saúde.*

Uma mulher de 67 anos me enumerou todos os motivos pelos quais não podia casar. Passou a praticar silenciosamente o discurso interior correto, da seguinte maneira: "Agradeço a você, Pai, por meu companheiro perfeito, ideal e divino." Repetia isso muitas vezes por dia. Depois de algum tempo, o conceito gravou-se no subconsciente. Acabou conhecendo um farmacêutico aposentado, com quem se casou. São muito felizes. O discurso interior da mulher estava identificado com seu objetivo. Falava interiormente como se já tivesse acontecido. Aconteceu primeiro no único lugar em que poderia ocorrer: a sua própria mente.

Eis aqui um exemplo de discurso interior errado. Um membro de nossa organização estava tentando vender uma casa havia três anos. Ele dizia: "Entrego essa linda casa à mente infinita. Sei que está vendida em ordem divina à pessoa certa, pelo preço certo, dou graças que assim seja." Claro que não há nada de errado nessa oração, mas ele a neutralizava constantemente ao dizer a si mesmo, em silêncio: "Os tempos estão difíceis, o preço é muito alto, as pessoas não têm tanto dinheiro. O que há de errado comigo? Por que não consigo vender a casa?" Como é fácil perceber, ele estava anulando a oração.

Conforme um homem pensa no coração, assim ele é. O discurso interior era extremamente negativo, e era assim que ele realmente se sentia. Este estado mental manifestou-se por três anos. Ele inverteu o procedimento, todas as manhãs e à noite fechava os olhos por cinco ou seis minutos, imaginava o autor lhe dando os parabéns pela venda. Durante o dia, seu discurso interior era o seguinte: "Dou graças pela venda da casa, o comprador está prosperando por causa da compra." A repetição dessa frase gravou-se no subconsciente e o evento se consumou. Uma semana depois, um homem sentado a seu lado na igreja comprou a casa e ficou muito satisfeito. Ele compreendeu que não se pode seguir em duas direções ao mesmo tempo.

Que as palavras de meus lábios e a meditação de meu coração sejam agradáveis em Sua presença, Ó SENHOR, minha força e meu redentor. (SALMO 19:14)

Este livro foi composto na tipologia Adobe Garamond Pro,
em corpo 11/15 pt, impresso em
papel offset 80 g/m² na Gráfica Santa Marta,
Dignidade é uma delas.

Este livro foi composto na tipografia Adobe Garamond Pro,
em corpo 12/16, e impresso em
papel off-white no Sistema Cameron da
Divisão Gráfica da Distribuidora Record.